Masamichi Meguro
目黒勝道

The Lessons of STARBUCKS
スターバックスの教え
感動経験でお客様の心をギュッとつかむ!

朝日新聞出版

はじめに

私はスターバックスコーヒージャパンに12年間勤めて、長く人材育成に携わってきました。

その仕事を通して、私は優れた人材マネジメントの方法を学びました。その中で感じたことや大切なことを、あますところなくみなさんにお伝えしたいと思います。

今この本を手にしている方も、一度は人材育成やチームワーク、リーダーシップで悩んだ経験があるのではないでしょうか。

スターバックスの人材マネジメントがどれだけ有効であるかは、スターバックスのカフェに行き、スタッフの様子を観察していただければ実感できるでしょう。お店により違いはありますが、おおむねスタッフは仲がよく、接客態度も他のチェーン店とは違うはずです。

とくに日本のスターバックスは、本家アメリカに勝るとも劣らないホスピタリティがうまく機能しています。アメリカでは拡大路線に走った末に、お客様に感動経験を提供するスタバらしさを見失った時期がありました。アメリカで迷走している最中も、日本のスターバックスは軸がぶれず、ホスピタリティを追求してきたのです。

しかし、スターバックスの時給は飛びぬけて高いわけでもありません。仕事量は他の飲食店のアルバイトよりも明らかに多いでしょう。決して楽ではないのに、なぜみんな活き活きと働いているのでしょうか。

今は、外食産業では時給1000円や1500円を出してもアルバイトがなかなか集まらないと言います。

それは、ただ単に仕事がきついからという理由だけではないでしょう。会社や仕事に対する吸引力がなくなってしまったからではないでしょうか。つまり、若者はお金だけでは動かなくなっているのです。

私は今こそ、スタバ精神が再認識されるべきではないかと思っています。

2014年、アメリカのスターバックスは、従業員が無料でアリゾナ州立大学のオンライン講義を受けられるようにすると発表しました。スターバックスが学費を肩代わりしてくれるのです。卒業後にスターバックスで働いて恩を返す必要もありません。これ自体が、感動を呼ぶような話です。

スターバックスは、テレビや新聞などで一切CMを打ちません。値下げ競争にも加わろうとせず、独自の料金でサービスを提供しています。

広告などにはお金をかけず、お客様やお店で働くスタッフのために使うのが、スターバックスならでは。今は、そういうポリシーが求められているのではないでしょうか。時給が高くても企業のポリシーに魅力がないなら、若者は職場として選ぼうとは考えなくなったのです。

スターバックスが多くのスタッフに支持され、離職率が低いのは、マインドや考え方を教えるけれども、具体的な方法は各自に任せているからでしょう。それぞれが、サービスとは何かを自分なりに考えて行動するのです。

人は、期待値以上のことが提供されないと感動しないでしょう。期待値以上のことは、マニュアルでは提供できないのです。

そして、お客様を感動させることができれば、その感動がスタッフのエネルギーになり、やりがいにもつながります。

私が現場を肌で感じてつくづく思ったのは、スターバックスは自社の精神を現場に浸透させるために、優れた仕組みを作っているということ。時間はかかっても、丁寧に人を育ててサービス面でファンを増やそうとしているから、おもてなしの国である日本でも受け入れられたのでしょう。

本書は、すぐにみなさんの役に立つ実用書を目指しています。自分を成長させたい社会人や、部下や後輩の育て方で悩んでいるビジネスパーソンはもちろんのこと、これから社会に出る学生の方にも、自分の頭で考えて動く働き方の参考になると思います。

みなさんが、仕事を通して感動経験をたくさん得られることを祈っております。

感動経験でお客様の心をギュッとつかむ！
スターバックスの教え

目　次

はじめに……1

Chapter 1

スタバで学んだホスピタリティ

最初のお店で学んだホスピタリティ……14
私たちはコーヒーを売っているのではない……17
なぜ研修に80時間もかけるのか……21
研修は自分を変えるチャンス……25
ミッションでいつでも初心に戻る……28
助けを求めるのもスキルの1つ……31
接客の基本は「察する」……35
仕事で身につく社会人基礎力……37

なぜスタバは離職率が低いのか……44
合理性がすべてではない……49
ミッションを救え!……52

Chapter 2 スタバで育てた自律型人材

正解のない問いから答えを導き出す……62
「是正」と「強化」のフィードバック……64
フィードバックには賞味期限がある……70
対話を重ねて解決策を発見する……72
自分で気づかなければ何事も身につかない……80
「外の意見」でもっと成長する……86
マニュアルだけで感動を提供することはできない……91
「スタバらしさ」がまねく暗黙のマニュアル……97

Chapter

3 スタバで培ったチーム・マネジメント

自由に意見を言い合える関係が強いチームを作る……102
新人には仲間が教えよう……104
お客様にもパートナーにも最初は「イエス」……110
褒めることは一石三鳥……114
いい仕組みは現場から生まれる……121
ベストプラクティスはどんどん共有しよう……126
チームで頑張れる目標を設定する……130
対立の解決は個別のフィードバックで……134
仲よしチームにしないための3つのポイント……137

Chapter 4

スタバで実践したモチベーションアップ

なぜ学生でも誇りを持って働けるのか……144
1つ上の仕事が、一番の学び場……148
人に教えて自分も成長しよう……153
部下のモチベーションは上司の行動に左右される……156
「自己評価＋リーダーの評価」で納得……159
ブラックエプロンを目指せ……162
多様なマンパワーを活かす制度……167
ゼロからの挑戦で自信をつける……170
キャリアを見つめ直す……174

Chapter 5 スタバで活きるリーダーシップ

傾聴してこそ真のリーダー …… 182
ぐいぐい引っ張るだけがリーダーではない …… 185
課題解決は原因の発見から …… 192
トラブルには覚悟を持って取り組む …… 201
人を変えようとするより、信じよう …… 205

おわりに …… 215

感動経験でお客様の心をギュッとつかむ！
スターバックスの教え

装丁・本文デザイン／荒井雅美（トモエキコウ）
編集協力／大畠利恵

Chapter 1

スタバで学んだ
ホスピタリティ

最初のお店で学んだホスピタリティ

ホスピタリティとは、「心の込もったもてなし」「歓待」という意味の言葉です。スターバックスがいかにホスピタリティを重視しているのかは、入社した時に受けた研修からわかっていたのですが、実際にどう表現すればいいのか、正直「わかったような、わからないような」という感じでした。

最初のお店に配属されて間もないころの話です。私はシフトスーパーバイザー（時間帯責任者）という、ストアマネージャー（店長）になる1つ前の役職になっていました。

当時、そのお店には毎朝同じ時間に来店する女性のお客様がいました。毎日お店のオープンに合わせて来店し、いつもクリームチーズ系のベーグルを注文していたのです。

私はベーグルの種類をなかなか覚えられずに苦労していたこともあり、「いつも同じのを頼むんだなあ」と印象に残っていました。おそらく、そのビルで働いている方で、朝食をお店で食べてから出勤していたのでしょう。

朝といえどもお客様は途切れなく並ぶし、「こんなおじさんが声をかけたら怪しまれるかな」と思って声をかけずにいました。

ところがある日、その女性は開店時間を20分過ぎても現れなかったのです。

「あれ？　どうしたんだろう。もしかして具合でも悪いのかな」と、接客をしながらも気になっていました。

「今日はもう来ないのかな」と思っていた時、30分ぐらい過ぎてからその女性はいらっしゃいました。

思わず、「おはようございます、今日はいつもより時間が遅いですね」と声をかけました。すると、その女性は驚いたような顔をしてから、「そうなんです。今日は電車が遅れてしまって」と答えてくれました。

「どちらからいらしてるんですか」

「実は、隣の県なんです。ここから電車で1時間半ぐらいかかるんですよ」

「そうなんですか、それは大変ですね。毎朝同じ時間にお越しいただいているのに今日は姿が見えなかったので、勝手な想像で申し訳ないんですけど、体調でも崩されたのかなって心配していたんです」

「えっ、そうなんですか。ありがとうございます」

その女性は嬉《うれ》しそうにほほ笑まれました。それを見て、私も嬉しくなったのは言うまでもありません。

その日から、その女性の姿を見ると、

「おはようございます。いつものベーグルでいいですか」

「いえ、今日は違うのにします」

という会話を交わすようになりました。

結局お名前もうかがわず、別のお店に配属されてからはお会いすることもなかったのですが、今でも思い出すと心が温かくなるエピソードです。

その経験を通して、私はホスピタリティをどう実現すればいいのか、おぼろげながらわかったような気がします。スタバの基本理念である「人々の日常に潤いを与える」とは、そういうささいなやりとりではないかな、と思うのです。

お店に行って、コーヒーを買って飲む。それだけでも、自分が欲しいものを手に入れていることには変わりありません。

けれども多くの人は、もっと心を通わせるような、ホッとする交流を求めているのではないでしょうか。

だからスターバックスに行った時に、店員がかけてくれたほんの一言が嬉しかったり、紙コップに描かれたイラストに喜んだりするのではないかな、と考えています。

この章では、スタバのパートナーがどのようにホスピタリティのマインドを養い、実現しているのかについて、ひもといていきたいと思います。

私たちはコーヒーを売っているのではない

スターバックス元役員のハワード・ビーハーは、「私たちはコーヒーを売っているのではない。コーヒーを提供しながら**人を喜ばせる**という仕事をしているのだ」と語っています。

人を喜ばせるにはどうすればいいのか。それが、スターバックスのミッション（使命）に凝縮されています。

最初の研修では、**OUR STARBUCKS MISSION**（アワー・スターバックス・ミッション）について学びます。これは、スターバックスで働くうえで守るべき行動原則です。ミッションは6つあります。ここではすべてをご紹介しましょう。

Our Coffee（アワー・コーヒー）
私たちは常に最高級の品質を求めています。最高のコーヒー豆を倫理的に仕入れ、心をこめて焙煎《ばいせん》し、そしてコーヒー生産者の生活をよりよいものにすることに情熱を傾けています。これらすべてにこだわりをもち、追求には終わりがありません。

Our Partners（アワー・パートナーズ）
情熱をもって仕事をする仲間を私たちは「パートナー」と呼んでいます。多様性を受け入れることで、一人ひとりが輝き、働きやすい環境を創り出します。常にお互いに尊敬と威厳をもって接します。そして、この基準を守っていくことを約束します。

Our Customers（アワー・カスタマーズ）
心から接すれば、ほんの一瞬であってもお客様とつながり、笑顔を交わし、感動経験をもたらすことができます。完璧なコーヒーの提供はもちろん、それ以上に人と人とのつながりを大切にします。

Our Stores（アワー・ストアーズ）
自分の居場所のように感じてもらえれば、そこはお客様にとって、くつろぎの空間になります。ゆったりと、時にはスピーディーに、思い思いの時間を楽しんでもらいましょう。人とのふれあいを通じて。

Our Neighborhood（アワー・ネイバーフッド）
常に歓迎されるスターバックスであるために、すべての店舗がコミュニティの一員として責任を果たさなければなりません。そのために、パートナー、お客様、そしてコミュニティがひとつになれるよう日々貢献していきます。
私たちの責任と可能性はこれまでにもまして大きくなっています。
私たちに期待されていることは、これらすべてをリードしていくことです。

Our Shareholders（アワー・シェアホルダーズ）
これらすべての事柄を実現することにより、共に成功を分かち合えるはずです。私たちは一つひとつを正しく行い、スターバックスとともに歩むすべての人々の繁栄を目指していきます。

最初の研修では、この6つのミッションについて話し合います。

「どの項目が印象的でしたか？」

「この目的は何だと思いますか？」

「ミッションのどんな点がよいと思いますか？」

このような質問を投げかけて、参加者に自由に答えてもらいます。

さらに、「アワー・コーヒー」を実現するためにどのようなことを心がけるのか、「アワー・パートナーズ」で多様性を受け入れて1人1人が働きやすい環境を作り出すにはどうすればいいのか……など、ミッションを1つずつ議論していきます。

早くから「多様性」という言葉を使っているあたり、人種のるつぼであるアメリカならではのミッションでしょう。

「お互いに尊敬と威厳をもって接する」など、かなり高尚な印象を受けます。

6つのミッションのうち、コーヒーについて触れているのは1つ目だけ。それはやはり、スターバックスの目的はコーヒーを販売することだけではないからです。

「人を喜ばせる」はお客様だけではなく、従業員にも当てはまります。

スターバックスでは本社の正社員も店舗のアルバイトも、すべて「パートナー」と呼びます。ストアマネージャーも社長も「パートナー」です。そうやって、すべての人が対等な立場であり、垣根がないと示しているのです。

こういう考えは、創業者のハワード・シュルツの父親が低賃金の仕事に就き、会社に不当な扱いを受けていたという体験がもとになっています。社員を歯車のように扱いたくない、社員には誇りを持って働いてもらいたい、という強い願いがシュルツにはあるのです。だからスターバックスは、研修などの人材育成に時間と費用をかけるのでしょう。

なぜ研修に80時間もかけるのか

「スターバックス・エクスペリエンス（体験）のクラスへようこそ。これで、みなさんは学びの旅の第一歩を踏み出しました」

ファシリテーター（講師）がそう告げると、期待に満ちた目や緊張したまなざしが一斉にファシリテーターに集中します。

これは、スターバックスに入社して初めて行われる研修の1回目のシーンです。バイトであっても正社員であっても、社長であっても（!-）、全員この研修を受けることは決まっています。私もスターバックスに36歳で入社した際に、学生さんやフリーターの方に交じって、この研修を受けました。

「学びの旅」とは、少々気取った表現かもしれません。

けれども、これから80時間もかけて行われる研修は、まさにスターバックスという会社を学ぶための旅なのです。


一般的な飲食業のお店でバイトをする時は、通常は簡単な研修を2、3日受けてから、すぐに店舗に立たされると思います。研修すらないところもあるかもしれません。働きながら覚える、という方針なのでしょう。

スターバックスは学生アルバイトにも、のべ80時間、約2カ月に及ぶ研修を受けてもらいます。もちろん、その間の時給も支払います。

80時間の研修期間は、教える側にも教えられる側にも通常の給料を払います。すぐに利益を上げるには、1日でも早く現場に出て働いてもらいたいと、普通は思うでしょう。

それでも時間をかけて学習するのは、スターバックスの理念や価値観を最初に理解してもらうためです。それも、徹底的に。

スターバックスのコア・イデオロギー（基本理念）は「お客様に感動経験を提供して、人々の日常に潤いを与える」です。この言葉には、コーヒーという単語は出てきません。

おいしいコーヒーを提供するのは大前提ですが、それは手段であり、お客様に感動してもらうのが目的なのです。

したがって、研修ではコーヒーの淹《い》れ方を教える前に、スターバックスのミッションや歴史を学びます。スターバックスの歴史を紹介するビデオを見ながら、「1杯のコーヒーを通じてビジネスを構築するとは、どんな意味だと思いますか？」などと、ファシリテーターが参加者に問いかけます。

「早くコーヒーを淹れてみたい」と思う人もいるかもしれません。けれども、スターバックスのミッションや歴史を理解し、共有するのが大事なステップなのです。

その理由は、何となくコーヒーを提供するだけでは、お客様に感動経験を与えられないからです。ミッションに基づいて1つ1つの仕事をしないと、単なる流れ作業になってしまいます。時給を得るためだけの労働になれば、働く側も楽しくないでしょう。働く側が満足しなければ、お客様を満足させることはできません。そのためにも、最初にミッションを理解してもらうことが大切なのです。

ただし、ミッションの意味を実感できるのは、実際にお店に立ってからになるかもしれません。

私は、前職で人事や人材教育を担当していたので、「スタバではどんな研修をやるのかな」と興味津々で参加していました。初回の研修ではミッションについて参加者同士がさまざまな議論をするので、「へえ、会社の理念についてここまで共有するんだ」と感心していました。

もちろん、多くの企業では、新入社員の入社式で社長が社訓を説明するでしょう。毎日朝礼で、社訓を唱和している企業もあると思います。

けれども、たいていの企業では、社長室や会議室に社訓が貼ってあるだけ。社訓はお題目になってしまい、多くの社員はその内容を覚えていません。

私も、スタバの研修でミッションを学んでも、「最初だけ教えることなんだろうな」と心のどこかで思っていました。

ところが、最初の研修を終えてお店に配属された時、ミッションが単なるお題目ではなかったことを目の当たりにし、驚きました。みんなが知識としてミッションを覚えていることにも驚いたのですが、1人1人がそれを体現しているのです。

「なんで、こんなに忙しいのに、みんな笑顔で働いているんだろう」

「なんで困っていると、すぐに助けてくれるんだろう」

最初に疑問に感じていたことが、一気に理解できたように思えました。80時間の研修は、働く1人1人がミッションを実行できるようにするための旅だったのです。

研修は自分を変えるチャンス

スターバックスの研修は、ファシリテーターによる一方的な説明を受講者がノートを取りながら聞く、というようなスタイルではありません。さらに言うなら、「おなかから声を出して！」「いらっしゃいませ！」と連呼するような、体育会系的な雰囲気でもありません。

まずはコーヒーのテイスティング（試飲）から始める、かなり和やかなムードの、いかにもスタバらしい研修なのです。

「今日はブレックファーストブレンドを用意しました。シトラス感があってさっぱりしているブレンドなんですけれど、みなさん飲んでみてどうですか？」などと感想を聞きます。ちなみに、サポートセンター（スタバでは「本社」をこう呼んでいます）の会議もコーヒーのテイスティングから始まります。

テイスティングが終わると、「グラウンドルール」を決めるというステップがあります。

グラウンドルールとは、研修を進めるにあたっての決まり事です。参加者が自主的に発言するような研修にするために、全員でルールを考えるところから始めるのです。

「積極的に発言しよう」

「1人1回は意見を言おう」

「仲間とコミュニケーションを取ろう」

「休憩をちゃんと取ろう」

といった案が参加者から出ると、ファシリテーターはフリップボードに書き込んでいきます。


それをホワイトボードに貼ったり、「グラウンドルールなので、地面に置きましょうね」と床にポンと放ったりするファシリテーターもいます。とことん自由な雰囲気の研修なのです。

研修の本題に入る前にも、「スターバックスで働くことや、スターバックスコーヒーについての質問はありますか？」と、いきなり問いかけから始まります。まず質問を投げかけて、考えて答えてもらう。これは、研修中に繰り返し行われるプロセスです。

そして、お店で働き始めてからも、このやりとりは日常的に行われます。ストアマネージャーや先輩が一方的に「こうやらなきゃダメ」と諭すのではなく、相手に考えてもらい、自分の言葉で答えてもらうのが重要なのです。

さらに、研修ではチームに分かれて話し合う場面も数多くあります。参加者を巻き込みながら、コミュニケーションを密に取っていくのがスタバ流の研修なのです。

ただ、研修の段階ではなかなか活発に意見は出てきません。私が参加していた時も、「何か質問はありますか」というファシリテーターの呼びかけに対して、みな黙ってうつむいていました。私は周囲に対する遠慮を感じながらも、沈黙をブレイクする最初の質問者でした。

日本では学校でも企業でも、大勢の前で手を挙げて発言する人は少ないでしょう。休み時間や会議が終わってから質問する人のほうが多いように感じます。

しかし、質問するのは自分のためだけではありません。みんなでその問題を共有するという意味もあるのです。

同時に、「変な質問だったらどうしよう」「みんなに笑われたら恥ずかしい」と引っ込んでしまう自分を変えるチャンスでもあります。質問力を鍛えたいなら、どんどん質問をぶつけてみるしかないでしょう。そうすることで、質問の仕方のコツをつかめてきます。

そもそも、スターバックスの研修では、ファシリテーターは質問に対して必ずイエス。いったん受け止めてくれます。どんな発言をしても否定されることはありません。失敗しないよう立ち回るより、経験をどんどん重ねて度胸を鍛えるいい機会でもあるのです。

スターバックスの研修は、自分をあらゆる面で成長させるための学びの場だと言えます。

ミッションでいつでも初心に戻る

スターバックスでは、入社した時に「グリーンエプロンブック」という、手のひら大の手帳のような小冊子を渡されます。スターバックスに接客マニュアルはありませんが、目指しているサービスのあり方がこの1冊に記されています。自分の接客がいいのかどうか迷った時などに、グリーンエプロンブックを読んで、今いる自分の位置や期待されていることを確かめるのです。

これには6つのミッションと、5つの行動指針が書かれています。

6つのミッションは、前述したようにスターバックスで守るべき原則であり、経営理念や哲学でもあります。5つの行動指針とは、「歓迎する」「心をこめて」「豊富な知識を蓄える」「思いやりを持つ」「参加する」です。ミッションを体現するために大切にすべきこと、求められていることに加え、行動のきっかけになるヒントとなる言葉です。

グリーンエプロンブックは、細々と注意事項が書かれているわけではありません。絵本のような体裁になっていて、5つの行動指針はイラストと共に「歓迎する　どんな人でも親しみを感じられるように」「心をこめて　接する、発見する、対応する」というように、簡単なキーワードつきで記されています。

一般的な企業では、会社の理念やミッションは全社員の集まりのような特別な時に聞くぐらいではないでしょうか。日常的に、「この企画内容だと、お客様に夢と感動を与えるというミッションに合わないんじゃないかな」と会話の中で使われることはあまりないでしょう。

私がスターバックスに入社して驚いたのは、社長も社員もアルバイトも、みな普通にミッションを日常会話で使っているところです。

たとえば、仕事はできるのだけれども、仲間とのコミュニケーションに難ありのパートナーに対して、「アワー・パートナーズ」の中にある言葉を使い、「もう少し**多様性**を発揮したほうがいいね」と伝えたりします。

通常は、「仲間なんだから、仲よくやれよ」と言う場面でしょう。すると「そんなことを言っても、あいつがこんなことを言うから悪いんだ」と、つい自分を正当化してしまいます。

ここで「多様性」というミッションで使われるキーワードを用いることで、自分の行動はミッションとずれているのだと気づけるのです。

「そうだ、『多様性を受け入れる』ってあったなあ。最近の自分には、それができていないのかも？」と自問自答するようになれば、後は自分で考えて解決策を導き出すでしょう。

他にも、お客様への対応に問題があった時は、「それが**感動経験**につながると思う？」という使い方もできます。こういったミッションのキーワードを使うことで、最初の研修で学んだ内容に結びつけて考えられるのです。

それまで働いてきた会社では、進むべき道はしっかりしるされているけれども、そこからはみ出せないように高い塀が両側に築かれていて、禁止事項により方向を示しているという感覚がありました。対してスターバックスでは、はるかかなたに目指すゴールがあり、そこに向かって太い長いロープがあるのです。そして、それを離さずに歩いていれば、あっちこっちに揺れながらもまた元に戻ってくる。そのようなイメージを持ちました。

その太い長いロープが、ミッションや行動指針などのポリシーであり、それさえしっかりつかんでいれば、大きくぶれても初心に立ち戻れるのです。

ミッションは掲げているだけではダメで、社員1人1人がそれに基づいて行動できるようにならないと意味がありません。

スターバックスでは店内のミーティングでも、グリーンエプロンブックをもとに、「自分たちのミッションは何か?」「自分たちの存在理由は何か?」と繰り返し話し合いが行われます。

なかには「言われなくてもわかってるよ」と感じる人もいるかもしれませんが、日常の仕事で体現できるレベルになるには、繰り返し考え、行動することが大切です。そこまで徹底しているから、どのお店でも「スタバらしさ」を実現できるのだと思います。

助けを求めるのもスキルの1つ

どんな職業でも、コミュニケーションは最大のテーマになります。

社内では、上司や部下、同僚、社外では取引先や顧客とコミュニケーションを取らなければ仕事は進められないでしょう。

スターバックスで働きたいと思うすべての人が、明るくて積極的で、「人と話すのが大好き!」というタイプではありません。控えめで人とコミュニケーションを取るのが苦手という人もいれば、人前にどんどん出て主張するタイプもいます。

最初からコミュニケーションがうまい人は多くはいません。働きながら、少しずつコミュニケーション力をアップしていけばいいのです。

スターバックスでは、パートナー同士が仕事を進めるうえで、コミュニケーションを円滑に行うために心がけるポリシーとして、３つの**スタースキル**を実践しています。

① 自信を保ち、さらに高めていく
② 相手の話を真剣に聞き、理解する努力を怠らない
③ 困った時は助けを求める

①の「自信を保ち、さらに高めていく」は、コミュニケーションのスキルというより、仕事に対して前向きな姿勢で取り組むために、自信を保つという考え方です。

また、自分だけではなく相手にも自信を持たせ、相手の自信を高めるのだと考えるとわかりやすいでしょう。

スキルアップという努力の結果を自信に置きかえ、相手にも自信を持たせるために共感し、意見交換し、尊敬と威厳を持って対応する。相手のためなら、少し言いにくいことで

もしっかり伝える。相手が何かをやり遂げた時、さらに自信を高めるために、どう素晴らしかったのかを相手に伝える。つまり、相手が自信を持つことにより、コミュニケーションがより円滑になるのです。これらは、少し高度なコミュニケーションスキルかもしれません。

②の「相手の話を真剣に聞き、理解する努力を怠らない」は、コミュニケーションの基本である「傾聴」にあたります。

コミュニケーションを取る時、自分の言葉を伝えるのに一生懸命になってしまいがちですが、相手の話を聞くほうが重要です。コミュニケーションは一方通行では成り立たず、双方が理解して初めて成り立つのです。

「理解する」とは、相手の話を受け止めるという意味です。

相手と自分は違う人間なので、すべてにおいて同じ考えだとは限りません。自分と違う考えでも、「それはおかしい」と否定するのではなく、「そういう考えもあるんだね」と受け止めることが大切なのです。

③の「困った時は助けを求める」。助けを求めるのもスキルの1つというのが、スタバならではかもしれません。私自身は、このスタースキルに一番助けられました。

私が最初に配属になったのは、ゲートシティ大崎という東京のＪＲ大崎駅に直結したタワービルに入っているお店でした。１００席くらいの広いお店なので、レジでお客様の対応をするだけでも大変です。加えて、当時は他店にはないクロワッサンやパンをオープンに合わせて焼き、サラダも手作りで販売していました。他のお店より取り扱う商品が多かったので、当時36歳の私にはなかなか覚えきれませんでした。

数種類あるクリームチーズを前にして、「えーと、ベーグルにつけるセサミクリームチーズはどれだっけ？」と近くにいるパートナーをつかまえて、よく聞いていました。「目黒さん、それ聞くの3回目ですよ」と呆《あき》れられながらも、何度も付き合ってくれました。

通常だと、わからないことがあってもなかなか聞けません。それを、必要な時は自分から率先して助けを求めてよいと最初に示しているわけです。これは、自分のためだけでなく、お客様へのサービスをよりよいものにするために助け合おうという意図もあります。助けを求められた側も相手の立場になって応じることで、関係性を高めることにもつながるのです。

3つのスタースキルには、パートナーが互いを受け入れ、補完し合うことで安心して働くために大切な要素が含まれています。

これはみなさんにも役立つスキルだと思いますので、ぜひ職場で試してください。

接客の基本は「察する」

スターバックスのお店に行った時、パートナーの視線を感じた経験はありませんか？「目を見て話す」というレベルではなく、「ご注文はお決まりですか？」と投げかける時も商品を渡す時も、やさしいまなざしで様子をうかがっています。

相手がかわいらしい女の子だと、「あれ、この子オレに気があるのかな」と勘違いしてしまいそうですが、これもスタバ流ホスピタリティの一環です。

スターバックスのサービスの基本には、**シンプリーサービス**という考え方があります。シンプリーサービスとは、「接する、発見する、対応する」の３つです。

お客様と接することで、ニーズをきちんとつかんで、それに合った対応をする。このサイクルを実践できるようになろうと、研修の時に教わります。

パートナーがお客様の様子をうかがうのも、「何を望んでいるのか」を察するため。それもレジを担当しているパートナーだけではなく、コーヒーを作っているパートナーも同様に行っています。

実際には、表情やしぐさを見るだけで簡単に人の気持ちを見抜けるわけではないでしょ

シンプリーサービスのサイクル
（仕事帰りのビジネスパーソンの例）

①**接 す る**　対話や状況から気持ちを察する

⬇

②**発見する**　“仕事帰り？　少しお疲れのようだ”

⬇　ニーズは何か？

“自分が今できることは何だろう”

⬇　どうやって行動に移すか？

③**対応する**　形にして伝える

う。会話をして知ろうとすることで、お客様が何を望んでいるのかが見えてくることもあります。

そして、お客様を観察して何か気づいたなら、どうやって行動に移せばいいのかを考えます。

たとえば、スーツ姿の人が夕方にお店を訪れたとします。

普通のお店なら、注文をうかがって、商品を渡したら終わり。スターバックスのパートナーはここで、「仕事の帰りかな。今日は忙しかったんだろうな」と考えます。

そこで、商品を渡す時に、「お仕事終わりですか、お疲れ様です」と声をかけてみたり、紙コップにマジックで「頑張ってください」とちょっとしたメッセージを書いたりするのです。

こういった対応はマニュアルで決まっているものではなく、パートナーが自発的に考えて判断します。

その行動が、どれだけお客様を励ますのかはやってみないとわかりません。お客様が嬉しそうな顔をしていたら、「やってみてよかった」と自分も嬉しく感じるでしょう。

そんな小さな喜びが原動力となって、スターバックスはホスピタリティに満ちたお店になるのだと思います。

仕事で身につく社会人基礎力

スターバックスでバイトをした学生は、就活で採用されやすい。

そんな都市伝説のような話が流布《るふ》していると聞いたことがあります。

スターバックスで人事を担当していた時、あるファミリーレストランの人事の方から突然、「目黒さん、ちょっと困ってるんだけど」と言われました。

「え、何かあったんですか」

「うちのアルバイトで、長いこと働いている、優秀な学生さんがいるんだよ。頑張ってくれてるから、その子をそろそろアルバイトのリーダーにしようかと思ってたんだよね。そうしたら、就活の準備を始めるからバイトを辞めるって突然言い出してさ」

「はあ」

「驚いて、あなたは優秀だから我々も期待してるんだ、卒業するまで続けてもらえないかって店長が止めたんだよ。そうしたら、『僕はこれからスタバでバイトしようと思ってるんです』って言われたらしくて。なんでも、学生たちの間では、スタバで働いたら就活で優位になるって言われてるんだって？　スタバでは就活生に何か特別な指導でもしてるの？」

「いやいや、そんな話、初めて聞きましたよ」

その時はそう答えましたが、その後いくつかの企業の人事の方から、「スタバで働いていた学生さんを採用したんだけど、すごくいいよ」という話をうかがいました。

スターバックスで就活生に対して特別にレクチャーをしているわけではありませんが、実際にそういうアドバンテージはあるのではないかと思っています。最初の研修から始まり、日々の業務を通じて、企業の面接官が「おっ、この子はいいな」と思うような受け答えや考え方が自然にできるようになっているようです。

多くのパートナーは、かつて顧客として体験した心地よいサービスを、今度は自分が体現しようという「プライド」や、スターバックスで働くことで成長したいという「成長意欲」を持って仕事をしています。

そのなかで、スターバックスで働いて身につく基礎力は特に2つあると考えています。これは、実際にスターバックスでアルバイトをした人の基礎力を測定した調査研究、『企業文化が顧客接点アルバイトの基礎力成長に与える影響について』（見舘好隆《みたてよしたか》・北九州市立大学キャリアセンター、中原淳《なかはらじゅん》・東京大学大学総合教育研究センター）でも明らかになっている結果です。

1つは**目標志向性**。ゴールを具体的にイメージし、周りのパートナーに伝え、自ら達成しようとするスキルです。スターバックスでは、「どのようなステップでスキルアップしていくのか」「何が期待されているのか」「どうすれば昇給されるのか」などが、入社した時に明確に示されます。加えて、4カ月に1回の頻度で、人事考課の面接をストアマネージャーと1対1で行います。この面接で、うまくできている点ともう少し努力が必要な点を、話し合いを通じて明確にします。パートナーは、次の面接までに何を期待されているのか、注力する点はどこかを理化したうえで、自ら目標を設定します（人事考課については4章で詳述します）。

たとえば、「『レジ対応』はよくできるようになったから、次はエスプレッソを作る『バー操作』に進みましょう」「オペレーションの基本はマスターできたので、次はいよいよシフトスーパーバイザーにチャレンジね」といった具合です。

ちなみに、目標は「SMART目標」の定義に基づいて具体化します。これは、コンサルティングでよく用いられる、目標設定で注意すべき5つのポイントです。

・SPECIFIC＝具体的か
・MEASURABLE＝測定可能か
・ACHIEVABLE＝達成可能か
・REALISTIC＝現実的か
・TIMELY＝期限が明確か

これらを指標にすることで、当事者もサポートするパートナーも、納得できる目標を設定することができます。

そうやって目的を理解し、目標を設定して、行動を通じて達成することは、すべての仕事の基礎になります。何となく作業をするのではなく、期待されていることを把握してから作業をするという習慣があれば、どんな仕事でも能力を発揮できるようになるでしょう。

目標を達成できると、他のことを学ぶ時も、対象は違えど学ぶ要領はわかるようになります。どれぐらい深く理解すればいいのか、どのように身につければいいのか。一見遠回りに見えるけれども、実はそれがスキルをものにする近道なのです。

そして、目標達成を重ねていくことで、プロとしての誇りを持てるようになります。「ビジネスパーソンもプロフェッショナルであれ」とよく言われるように、どんな仕事であってもプロとしての自覚を持つのは大切です。社会人になってから多くの人が体験するコピー取りやお茶くみといった作業でも、プロとして目的意識を持っているかどうかで、取り組み方はまったく違ってくるでしょう。こういう意識を早い段階で身につけるのは、かなりのアドバンテージになります。

さらに、目標志向を持つことで、達成感や喜びも味わえます。

仕事にやりがいを感じられない人は、達成感を味わえていないのではないでしょうか。達成感は、大きな仕事だけで味わえるものではありません。スターバックスのパートナーも、お店の目標を達成したから達成感を味わっているのではなく、日々のお客様とのちょっとしたやりとりを通して喜びを感じているのです。

どんな小さなスキルであっても、自分の取り組み方次第でやりがいは感じられるし、達成感も抱けると知っている人は、働く意義をすでに熟知していると言えます。それが主体性にも直結するのです。スターバックスで働いているパートナーは、それを持っているから魅力的なのではないかと思います。


もう1つは、本章のテーマでもある**ホスピタリティの精神**です。

スターバックスのパートナーは研修や普段の接客を通して、高級レストランやホテルに劣らないホスピタリティを身につけているのです。そして、お客様に対してだけではなく、共に働くパートナーに対しても、相手の気持ちや状況をくんで行動することができます。

人に貢献しようとする気持ち、人を喜ばせようという姿勢は、社会人になってもコミュニケーションを取るうえで大いに役立ちます。

たとえば、営業担当であれば、顧客の期待に応えて満足してもらいたいと懸命に考え、相手の話をじっくり聞いてコミュニケーションを密に取るかもしれません。

事務系の仕事は、それこそ人に貢献する喜びを知っているスタバ出身者なら最適でしょう。一見地味に思える仕事ですが、たとえば伝票を迅速に処理することで、他の社員がスムーズに働ける環境を作っているのだという自負があれば、能動的に取り組めるようになります。

医療や介護の分野でもホスピタリティは求められますし、公務員や教師も同じです。どんな仕事でも、コミュニケーションや人間関係は重要です。人とのコミュニケーションを取らずに済みそうなＩＴ（情報技術）系の仕事であっても、社内の人間やクライアントとのやりとりはあります。

そういった場面で、スタースキルなどを通して育まれた「人の役に立ちたい」というマインドを発揮できれば、自分らしく働けるでしょう。

スターバックスでは、**サーヴァント型リーダーシップ**という言葉が時々使われていました。

サーヴァント型リーダーシップは、「奉仕するタイプのリーダーシップ」のことです。ぐいぐい引っ張るリーダーばかりがいいとは限りません。今の時代は、奉仕型のリーダーが求められているのではないかと思います。顧客のため、あるいは一緒に働く仲間のために、いつでも手を差し伸べようというリーダーなら、チームをうまくまとめられるはずです（リーダーについては5章でお話しします）。

この2点でわかるように、社会人になってから多くの人が学ぶような基礎力を、スターバックスでは学生という身分であっても身につけることができるのです。

自分で考えて行動する習慣もありますし、自分の言葉で表現する力も持っている。就活の面接で、「スターバックスのアルバイトでどのようなことをやってきたんですか」と聞かれた時、「私はこういうミッションに向けて、働く時はこういうことを意識して行動していました」と具体的に答えられたら、いい印象を与えるのは間違いありません。

スターバックスで働く経験が、自然と人間力を高める訓練になっていると思います。

なぜスタバは離職率が低いのか

スターバックスは私がいた時から、人が辞めないと言われていました。

2005年に調べた時は、正社員の離職率は10%ぐらいでした。『就職四季報』(東洋経済新報社)によると、最近のデータは4・8%とかなり低い数字です。

そして、平均勤続年数を見ると、スターバックスは8年4カ月、同じ業態のドトールコーヒーは2年9カ月。

スターバックスは日本に上陸して19年なので、好成績ではないでしょうか。これは日本に限らず、アメリカでもスターバックスの離職率は低いと言われています。

私のように、10年以上勤続の人はサポートセンターでは多くいましたし、店舗でも大学生のアルバイトがきっちり4年間働いたりするので、なかなか空きが出ないのです。

1つのお店で平均20～25人が在籍するとして、年間で辞めていくのは5人ほどでした。大学生が卒業に合わせて退職すると、新規に採用する、という感じだったのです。

スターバックスは、同業者に比べて時給が高いわけではありません。それどころか、仕事量は多いくらいです。

余談ですが、私の2人の娘が高校生になってバイトをすることになった時の話です。

私が「スタバで一緒にやろうよ」と誘ったら、「スタバは覚えることが多過ぎて大変そうだから、イヤ」ときっぱり言われてしまいました。2人とも、選んだのはコンビニでした。その理由は、コンビニはすべてバーコードで「ピッ」で済み、覚えるのはたばこの銘柄ぐらいだから、とのこと。それを聞いて思わず、「単にモノを販売することだけが仕事じゃないのに」と苦言を呈してしまいました。

それでもスターバックスで長く働く人が多いのは、やはり仕事にやりがいを感じるからでしょう。覚える仕事は多いですし、求めているハードルも高いのですが、その分、自分の成長を実感できるメリットがあります。
そして、人の役に立って喜ばれた時、それが自分自身の感動経験になります。人に認めてもらいたいという承認欲求は、誰もが持っています。スターバックスでは、パートナーからもお客様からも認められる場面は多いので、やりがいを実感できるのです。

もちろん、長く働いてもらえるのは企業にとってありがたい話なのですが、一方で組織が活性化されないという問題も出てきます。実は、スターバックスの内部では、人が辞めないのは一種の悩みでもあったのです。

アルバイトから始めて、順調にステップアップしていよいよストアマネージャーになるという段階になっても、ストアマネージャーの空きがないため待ってもらうようなケースもあります。今のストアマネージャーが優秀であるなら、別の人に替える必要もないでしょう。お店を増やさないことには、ストアマネージャーの数も増やせないのです。ストアマネージャーの上にディストリクトマネージャー（地区責任者）やリージョナルディレクター（エリア統括）などの役職を設けてはいるものの、それも数に限界があるのでポストがなかなか空きませんでした。

全体の離職率は低いとはいえ、新卒は他の企業と同じく3年で3割程度は辞めていました。

なぜ辞めるのか、辞めていく社員に話を聞いて分析した結果、２つの要因があることがわかりました。

１つは、出世するには競争率が高いこと。

上昇志向の強い人は、早い段階で要職に就いて、自分の力で成果を出したいと考えます。スターバックスに入社する新卒社員も、「早くストアマネージャーになりたい」「ディストリクトマネージャーになりたい」とキャリアアップに前向きな人は少なくありません。

そういう人の中には、上が激戦区になっている現状を知ると、実力があっても早々に辞めていく人もいました。

もう１つは、単純に仕事についていけないからです。

スターバックスでは覚えることが山ほどあるので、研修の段階で挫折する人もいます。また、接客だけをやりたいのに、ストアマネージャーになってマネジメントをしなければならなくなるのを重荷に感じてしまう人もいました。

企業側としても、若くて優秀なパートナーに活躍してもらいたいと思っていても、そういう場を与えられないというジレンマを抱えていたのです。

そこで、「外部プロジェクト」という制度を発足しました。

今までスターバックスで培った経験やスキルを使って外部でチャレンジしてほしい、そのために応援金としてお金をお支払いします、という制度です。

これは、いわば前向きな早期退職制度でしょう。

スターバックスはアメリカに本社があるので、退職金の仕組みがありません。アメリカでは退職金の代わりに確定拠出年金という制度があり、個人個人が年金を運用するシステムを導入しています。その年金を運用するためのお金が、給料から天引きされるのです。日本のスターバックスでもこの制度を採用しています。

それでも、退職金をもらえないのは心もとないので、退職金とは違う名目で会社がお金を支払おうということになったのです。

年に1回そのプログラムを実行することになりました。1回目の時、「誰も名乗りを上げないんじゃないかなあ」と思っていたら、結構手が挙がりました。なかには、「あれ、この人もチャレンジするんだ」と驚くような人も含まれていました。

私もその制度を活用して新たなチャレンジをしたのです。

そのようなシステムを作らないと社内の活性化を図れないほど、スターバックスは居心地のいい職場だったのかもしれません。

合理性がすべてではない

「お客様に売ろうなんて考えていてはダメ。お客様に素晴らしい体験をさせれば、自然に売り上げはついてくるはずよ」

これはスターバックスの創業者の言葉かと思いきや、アップルの上級副社長に就任したアンジェラ・アーレンツの言葉です。アーレンツはファッションブランドのバーバリーを復活させた有能な女性で、ファッションショーで紹介された商品をショーの終了後にネットで買える試みを始めたのは彼女のようです。これも素晴らしい体験ができるからこそ、ユーザーが殺到したのでしょう。

スターバックスも、まさに同じ考えを実践している企業だと言えます。

スターバックスでは、**サードプレイス**というコンセプトも重要だと考えられています。一般に、人が一番長く過ごす場所（ファーストプレイス）が自宅で、2番目に長く過ごす場所（セカンドプレイス）が職場や学校になります。第3の居場所、サードプレイスを目指そうというのが、スターバックスの創業当時からの考えです。

スターバックスでコーヒー1杯で長時間くつろいでいても、店員が「お客様、店内が混んできましたので……」などとストレートに退店を促すことはまずないでしょう。いわゆるノマド（オフィスだけではなく、喫茶店などのさまざまな場所で仕事をする人）にスタバが利用されるのも、1日中店内でパソコンを使っていてもいいからです。お客様がそれで幸せになれるのなら、スターバックスはミッションを果たしたことになります。

スターバックスでは、開店時間の10分前にお店のドアを開け、閉店時間の10分後にドアを閉めるようにしています。このようなちょっとした配慮も、お客様1人1人のサードプレイスを実現するためには大切なことでしょう。

あるコーヒーチェーン店で打ち合わせをしていた時、店員に「もう閉店時間を過ぎている。店じまいができなくて困るから……」と、ぶっきらぼうに退出を促されたことがありました。「閉店時間を知らなかったので……ご迷惑をおかけしました」と言葉を残してお店を後にしましたが、後味のよくないコーヒーになってしまいました。

お客様に感動経験をしてもらい、居心地よく過ごしてもらえる空間にするために、お店のレイアウトやインテリアも大切な要素だと考えます。

お店のインテリアは、ロケーションに合わせてサポートセンターにある設計チームが中心となって決めています。いくつかのパターンにしたがって、どの位置にカウンターを設置してテーブルをどこに置くか、壁の絵を何にするのかなどを決めています。ソファの色も置く位置も、すべて設計チームが判断しているのです。

まだ店舗数が少なかったころは、行列ができるお店があちこちにあり、「いつも満席で座れない」というお客様の声がサポートセンターに届いていました。

そこで、レイアウトを変えてみたり、席と席の間隔を詰めてテーブルを増やしたりしました。ソファはかなり場所を取るので、ひじ掛けのない小型のソファを置いてみたこともあります。

すると、今度はお客様から「これじゃあくつろげない」「他のコーヒー店と変わらない」という意見が寄せられたのです。最終的には、1つのお店で対処するのではなく、近くに新たな店舗を作って解決することになったのですが。

いくらビジネスとはいえ、合理的であればいいというわけではありません。たとえお店の回転率が悪くなっても、お客様の居心地を第一に考えるのがスターバックスであり、それを変えてはいけないということを再確認できました。

ビジネスでは効率化が常に求められますが、そのプロセスの中で、変えてはいけないもの、失ってはいけないものがあると思います。

サービス業で効率性や確実さを追求するのであれば、自動販売機に勝るものはありません。ボタンを押すだけで、瞬時に欲しい商品を提供してくれるからです。

ただ残念ながら、そこには対話やぬくもりといったホスピタリティは感じられないでしょう。お店に足を運ぶお客様の多くは、商品の提供だけではなく、人からしか生まれないサービスを求めているのではないでしょうか。合理性を追求するあまり、ホスピタリティを失ってしまわないようにすることも、忘れてはならないと思います。

ミッションを救え！

2009年ごろ、アメリカ本社から「ミッションを変える」という通達があり、日本のサポートセンターでは一時大騒ぎになりました。

当時、アメリカのスターバックスは業績が低迷し、経営から退いていた創業者のハワード・シュルツが再びCEO（最高経営責任者）に戻った時期でした。

アメリカのスターバックスは、シュルツが離れてから拡大路線による増収増益を追求し始めていました。マーケット拡大に出店を重視したことで、本来大切にすべきパートナーへの配慮が弱くなっていました。その結果、お店のサービスも味も落ち、お客様に感動経験を与えるようなサードプレイスとはかけ離れてしまったのです。

そこで、シュルツは会社経営に戻り、この危機を救うために再生プロジェクトを立ち上げました。これまでにないリストラ（事業の再構築）の中で、大きくフォーカスしたのは「パートナー」への対応でした。全店舗にコーヒーの淹れ方を一から教え直したのもその1つです。アメリカのすべての店舗を3時間ほど早くクローズして、全員でエスプレッソなどの淹れ方を再確認することになったのです。その分売り上げは落ちますが、それでもサービスの質を向上させるほうが大事だと判断したのでしょう。同時にかなりの店舗を減らし、パートナーも解雇せざるをえませんでした。

実は、日本にも同様にコーヒーの淹れ方を再教育するよう、通達がありました。けれども、日本では継続して研修に力を入れていましたし、クオリティが落ちたという話は聞きませんでした。協議の結果、これまでの育成を継続することで、「それぞれ淹れ方を再確認しておくように」という程度にとどめたのです。

さらに、それまでのスターバックスとは一新したという決意を示すために、ミッションを変えるということも重点事項として決められたのです。

かつてスターバックスには、コア・イデオロギーをさらに具体的にした、ＢＨＡＧ（Big Hairy Audacious Goals＝数十年かけて成し遂げる大目標）という目標がありました。

ＢＨＡＧは「25年後の目標」と定義づけ、「心に活力と栄養を与えるブランドとして、世界でもっとも知られ、尊敬される、朽ちることのない偉大な企業になること」という目標を掲げていました。

さらに、前述した「アワー・スターバックス・ミッション」とは異なるミッション・ステートメント（社訓）もありました。これは、ハワード・シュルツが経営陣と共に議論を重ね、さらに当時の全社員の意見も反映させて作り上げた、スタバの行動哲学と言えるものです。

・働きやすい環境を提供し、社員が互いに尊敬と威厳をもって接する
・事業運営上での不可欠な要素として多様性を積極的に受け入れる
・コーヒーの調達や焙煎、新鮮なコーヒーの販売において常に最高級のレベルを目指す
・顧客が心から満足するサービスを常に提供する
・地域社会や環境保護に積極的に貢献する
・将来の繁栄には利益率の向上が不可欠であることを認識する

これには、シュルツらの思い入れの強さが表れており、日本でも、第一号店である銀座松屋通り店のオープンの時から今日まで大切に受け継がれ、体現されてきたものです。

ところが、ミッション・ステートメントも、ＢＨＡＧもコア・イデオロギーも、今後は新たな表現に変更するという方針になったのです。

当時の日本のスターバックスは、アメリカに比べて業績が悪くなかったこともあり、「なぜ変える必要があるんだ」と疑問視する人が大勢いました。私もその1人でした。

日本はおそらく、他のどの国よりもスターバックスの精神が浸透している国です。元々茶道にあるような「おもてなし」の精神を高く評価し、サービス業では丁寧な接客をするのが当たり前だと思っているような風潮があります。スターバックスの「お客様に感動経験を提供する」という教えは、日本人の心に響いたのでしょう。だから日本ではミッションが浸透して、お店が増えてもサービスや味はぶれなかったのだと思います。

それなのに、ミッションという企業の根幹をなすような考えを変えるというのですから、私は愕然《がくぜん》としました。

当時の私は人事部に所属していましたが、人材育成の面からも、スターバックスのミッションの考え方は、ひじょうによくできていると感心していました。

企業として目指すべき姿がコア・イデオロギーで定まっていて、それを少し具体的にした中長期的な目標であるＢＨＡＧがあり、それに基づいた行動指針がアワー・スターバックス・ミッションで決められている。さらにそれを実現するために、ジャストセイイエス

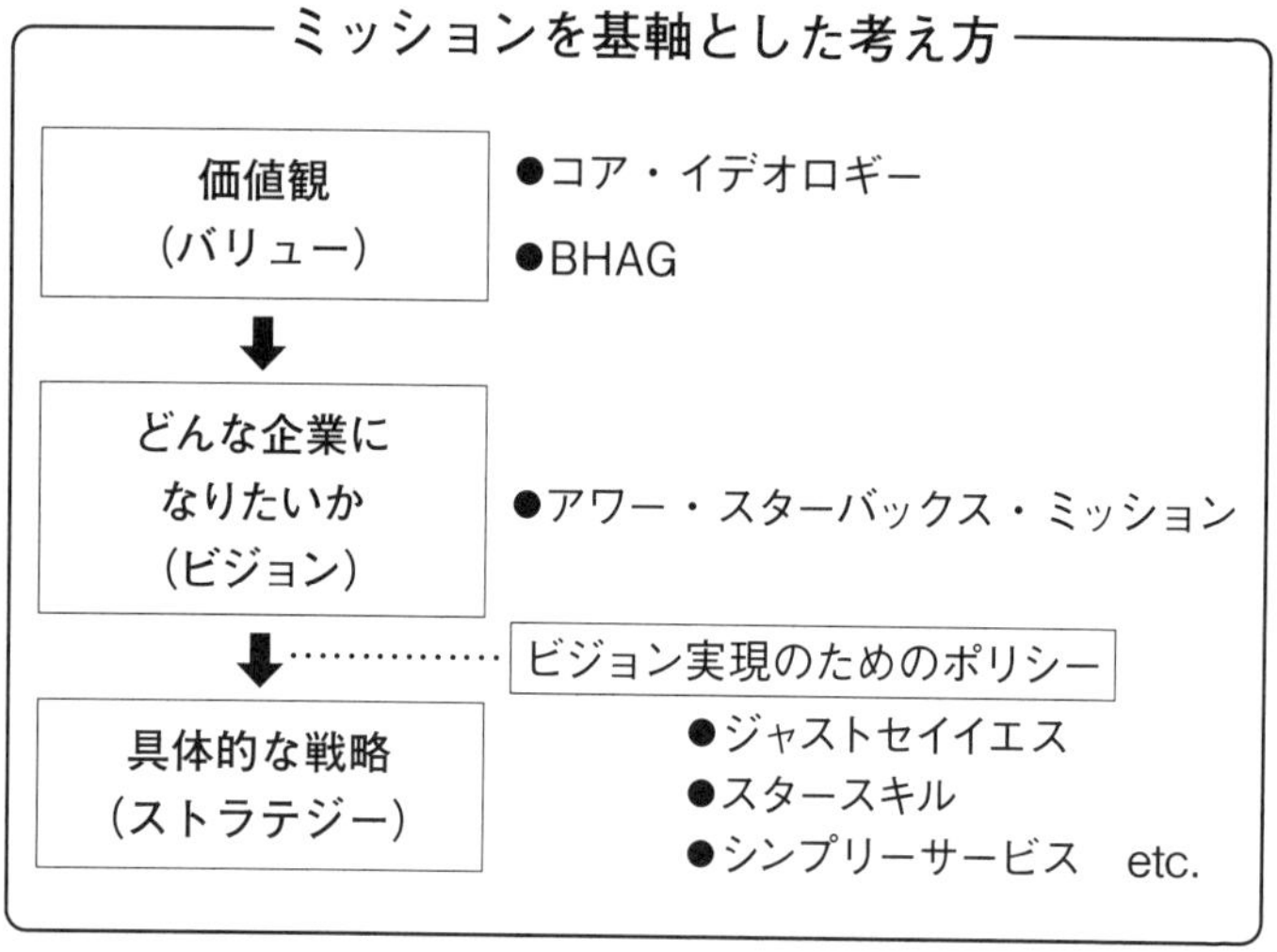

やスタースキルといった具体的なノウハウもある。この一連の流れで教えるから、軸がぶれないパートナーが次々と育っていくのです。

最終的には、「アワー・スターバックス・ミッション」の6つのミッションだけ残すことになりました。

当時は香港にアジア・パシフィックのオフィスがあり、人事マネージャーがいて、日本を担当していました。日本語はペラペラなので、私も親しくしていました。

彼女が部下と共に来日し、「このような方針に変わります」と説明した時、私は「拒否しているわけではないんだけれど、変える意味がわかりません」と開口一番に意見しました。

彼女たちは「これから厳しい競争に打ち勝つために、ますますグローバル化を進めなければならない。そのためにスターバックスは生まれ変わる必要がある」と説明してくれました。しかし、私はそれでは納得できませんでした。

「今までミッションが大切だと言って、トップダウンではなくみんなで意見を出し合って決める風土を大切にしてきましたが、今回はそのプロセスを踏んだのでしょうか？『こういう理由でミッションを変えたいんだけれども、どう思うか』と我々に聞いてから決めたんじゃないですよね。会議室で一方的に通達されて、『決まったことだからしたがってほしい』と言われても、納得できないですよ。これまで培ってきたプロセスと、今やろうとしていることが違うと思うのですが……。それなのに、我々はパートナーにどう説明すればいいのでしょうか」

私がそう言うと、彼女たちは黙り込んでしまいました。

私は人事マネージャーを責めようとしたわけではありません。ミッションの変更により、これまで大切にしてきた価値観まで変わるのではないかと危惧したのです。

そうは言っても、彼女たちも本社の決定にはしたがわないといけない立場ですし、それは私たちも同じです。最終的には、アメリカ本社の子会社という立場から、日本のサポートセンターもしたがわざるをえませんでした。

私は改めて、アメリカ本社から発信されたミッション改訂版に目を通しました。翻訳は間違っていなかったものの、心に響くものではなくなっていました。今まで教わってきた人にはミッションなどの教えは深く根づいているので、これからも同じサービスを提供できるでしょう。けれども、これからスターバックスに入ってくる人たちには、これまで受け継いできたことを伝えられなくなるのです。そう思うと、とても悲しい気持ちになりました。そこで、翻訳を改めて自分たちにやらせてほしいと、アジア・パシフィックの人事マネージャーに交渉し、承諾をもらいました。

さっそく、私はサポートセンター内で「ミッション新生プロジェクト」を立ち上げ、ミッションに精通したメンバーを中心に、翻訳に取りかかりました。

思いや考え方を変えずに、どうやって原文に合った文章にすればよいか。メンバーはそれぞれ意見を率直に伝え合い、常に新たな視点を織り込みながらディスカッションを重ねました。こうして、相互の意見を尊重した参加型のプロセスにより、1人1人が納得できる形で翻訳を完成させることができたのです。

グリーンエプロンブックが日常的にどのように使われるのか、私たちはよくわかっています。気持ちの込もっていないグリーンエプロンブックを配ったら、何度も読み直してミッションを深く理解しようとする習慣はなくなってしまうでしょう。

完成した文章は申し分ないものでしたが、思いをより伝えやすくするために、私は英語版にはない文章を冒頭に入れたいと考えました。

今までのミッションやポリシーで伝えてきたメッセージを数行の文章に集約させたのです。


「私たちは〝感動経験を提供して、人々の日常に潤いを与える〟ためにここにいます。

〈中略〉

私たちが目指していることは、心に活力と栄養を与えるブランドとして、世界で最も認められ、尊敬される、朽ちることのない偉大な企業になることです。

この姿勢と展望はこれからも変わることなく私たちが大切に育むものです。

そして私たち自身がどうあるべきかを考え、これらを実現するために行動を続けていくのです。

これからも、いつまでも」


日本のグリーンエプロンブックにだけ、この文章は載っています。

「顧客満足は従業員満足から」生まれると、私は思います。パートナーが自分の仕事に誇りを持ち、やりがいを感じていなければ、お客様に感動経験を提供することはできません。いつでも1人1人がミッションを理解し、納得し、自分の存在意義を確かめられるように、グリーンエプロンブックはパートナーを支えるという大事な役割を持っているのです。

グリーンエプロンブックも改訂を重ねていくので、いつかこの文章は消されてしまうかもしれません。それでも、このミッションが浸透しているパートナーたちがいる限り、スターバックスは方向性を見失わないでいられるのではないかな、と思います。

もちろん、今でも入社したら研修をする点は変わりません。ミッションから教えるところも変わっていないでしょう。そういった大事な部分が守られている限り、スターバックスのホスピタリティは継続できると信じています。

Chapter 2
スタバで育てた自律型人材

正解のない問いから答えを導き出す

「多様性とは何ですか？」

「尊敬と威厳とは何ですか？」

最初の研修では、このような質問をファシリテーター（講師）は投げかけます。

もちろん、スラスラと答えられるパートナーはいません。何十年も働いているパートナーであっても、言葉に詰まるでしょう。それはそれで構わないのです。自分なりに考えて答えを導き出そうとする、その姿勢が大事なのですから。

さらに、ファシリテーターは問いかけます。「あなたがお客様としてお店に行った時、一番よかったと感じたサービスは、どのお店のどんな時でしたか？」

これも正解のない問いです。パートナーは、自分の体験をもとに懸命に答えようとします。

荷物をいっぱい持ってテイクアウトを頼んだ時、「ドリンクは袋に入れましょうか？」とひと声かけてもらい、嬉《うれ》しかった。

家で淹《い》れるコーヒー豆を探していた時に、好みや飲む頻度など、パートナーが親身になって相談に乗ってくれて、一緒に探すのが楽しかった。

何度か通ううちに、パートナーが顔を覚えてくれていて、びっくりした。

そういった話をひと通り聞いた後に、「みなさんの話に出てきたように、スターバックスではお客様の記憶に残るような仕事をしているんです」と説明すると、パートナーたちは「なるほど」と感じるのです。

「スタバの接客がいいな」と思って憧れて入社したとしても、お客様からパートナーの立場になると、何をどうすればいいのかわかりません。

このような問いかけを通して、「自分がされて嬉しかったことを、お客様にもしてみよう」と意識することで、具体的にどう行動すればいいのかが見えてくるのです。

日本の学校教育は、答えのある問題を解くことを中心に教えていると問題視されてきました。さらに、「1＋2＝?」というように、1つの答えを導き出す学習が基本です。一方で、欧米の教育は一般的に、「?＋?＝3」のように、何通りもある答えを考える手法を取り入れています。それだけでなく、ディスカッションやディベートをする習慣が、学校以外にも、家庭や地域などの日常生活に根づいているのです。議論する力は、日常的に繰り返すうちに習慣となって身につくもので、性格や学力はそれほど関係ないでしょう。

スターバックスでは、研修でも、お店に出てからも、ディスカッションの連続です。それは、何通りも存在する答えを自分の頭で考えて、意見を伝えるという習慣を身につけてもらうため。大人になっても、議論する力は十分鍛えられます。

答えのない問いも、答えを出さないまま放置するわけにはいきません。正解がなくても、自分なりの答えを導き出すために考えなければならないのです。

そもそも、一歩社会に出れば答えのない問題ばかりです。答えのない問いに向かって考え続けなければ、想像力も問題解決力も育ちません。

本章では、自分の頭で考えて行動する「自律型」パートナーを育てるために、スタバが実践している取り組みや大切にしている考え方を紹介していきます。

「是正」と「強化」のフィードバック

自律型人材を育てるのは、一朝一夕でできることではありません。したがって、80時間の研修を終え、お店に配属された後も、スターバックスはパートナーを熱心に育て続けます。

そのために大事にしている教育スキルが、行動に対する**是正**と**強化**のフィードバックです。

1つ目は、パートナーが失敗した時のフィードバックです。

たとえば、お客様が不満そうな顔で帰ってしまった場面を目にしたとします。

その時、接客対応をしたパートナーに対して、「今のお客様、何かあったの？」「お客様とどんな話をしたの？」「それに対して、あなたはどんな行動をしたの？」と問いかけていきます。

有名なトヨタのカイゼンでは、5回「なぜ」を繰り返すと言われていますが、それと同じで、繰り返し問いかけることで問題の本質が見えてくるのです。

このフィードバックの目的は、相手の行動を「是正」し、正しい方向に導くこと。一歩間違えると相手を追い詰めてしまう恐れもありますが、相手を責めるのではなく、どうすればよかったのか、気づいてもらうことが目的です。

たとえば、お客様のオーダーとは違う商品を渡してしまった時。

ミスは誰にでもあることなので、そのこと自体は問題ではありません。問題なのは、その時の対応です。

お客様に指摘されて、「申し訳ありません」と謝って作り直すのは、当然の対応です。ただ、その時に無表情のまま謝罪したら、お客様は不快に感じるでしょう。視線も合わせず淡々と作業を進めていたら、「なんだか作り直すのが面倒みたい」とお客様は感じるかもしれません。

こういう時の対応は、作り直すのが目的ではなく、お客様に不快な思いを抱かせてしまったことを解消するのが目的です。お店が混んでいて、どんなに忙しくても、1人1人のお客様に感動経験を提供するのがスターバックスのミッション（使命）であることを忘れてはなりません。

こういった場面を見かけたら、すかさず行動是正のフィードバックをします。

「今、どうして無表情で対応していたの？」

「お客様の表情を見たかな。かたい表情をしていたけど、何かあった？」

このような感じで、「なぜ？」「どうしたの？」と投げかけます。

普通なら、「今の接客の仕方じゃ、お客様に対して失礼だよね。心から謝罪しないと、お客様はもう二度とこの店を利用しないって思っちゃうよ」とアドバイスする場面でしょう。

「謝る時は90度お辞儀をして、おわびの気持ちを表さないと」と、具体的なノウハウを教える人もいるかもしれません。

スターバックスのフィードバックは、本人に答えを考えさせます。指摘する側が答えを与えてしまうのではなく、問いかけて、どうすればいいのか、なぜそうするべきなのかを相手に考えてもらうのです。

その理由は、正しい答えをポンと「指示」として与えてしまうと、相手は自分の頭で考えて行動をしなくなるから。「商品を間違えたら、深々とお辞儀をして謝ればいいんだ」と、安易な方法論に頼ってしまうでしょう。物事の本質を自分で考えて納得しなければ、正しい行動に移すことはできません。

「今の対応は心が込もっていなかった」「お客様に嫌な思いをさせてしまった」と自ら気づかない限り、また同じことを繰り返すでしょう。だから時間がかかっても、問いかけて考えてもらうのが大切なのです。

もう1つが、肯定的なフィードバックです。

たとえば、お客様がとてもいい笑顔で帰っていったとします。

そういう場面でも、お客様とどんな話をしたのか、どんな対応をしたのかを聞き、なぜ

気がついていないことを気づかせる２つのフィードバック

①うまくいかなかった時 ➡ 是正

考えてもらうこと：

取った行動（「何を」「どう」すればよかったか）

取るべき行動（「なぜ」それが効果的なのか）

目的：同じことを繰り返さない／正しい行動に移す

②うまくいった時 ➡ 強化

考えてもらうこと：

取った行動（「何が」「どう」よかったか）

目的：自信を高める／行動を強化する

そういう対応をしたのかを引き出していきます。

「今のお客様、笑顔だったよね。どんな会話をしたの？」

「お客様のかぶっていた帽子がかわいかったから、思わず『その帽子、かわいいですね』って言ったんです。そうしたら、『そうなの、一目ぼれして買った帽子なの』って喜んでくださって」

「いいねえ。どうして喜んでもらえたんだろう」

「そうですねえ。やっぱり、身につけているものを褒められると嬉しいからなのかな」

「そうだね、誰でも褒められると嬉しいよね。今の対応はよかったから、どんどんやろうよ」

このような感じで、その行為のどこがよかったのかを本人に考えてもらいます。

このフィードバックは、行動を「強化」するのが目的です。スタースキルにある「自信を保ち、さらに高めていく」ためのノウハウでもあるのです。

相手が失敗した時に叱ることはあっても、よい行動をそのまま見過ごしてしまう人は多いのではないでしょうか。褒めることはあっても、本人に行動を振り返らせるところまではしないかもしれません。

よい行動に対しても、褒めるだけではなく、何がどうよかったかを具体的に分析をしないと、何となく取った行動の場合は1回きりで終わってしまう可能性もあります。フィードバックで本人に意識させることで、「次もやってみよう」というモチベーションが生まれ、よい行動を習慣化できるのです。

一般的なフィードバックは、伝える側が「あなたの行動のこういう点に問題がある。こう直してほしい」「今の行動はよかったよ」と一方的に伝える方法が主流でしょう。

スターバックスのフィードバックは、質問スタイルで相手の考えを引き出すことが大きな特徴です。

よい行動も、正すべき行動も、自分で振り返り、自分で解決策を見つける。

答えは必ずしも与えるものではありません。納得のいく答えを自分で探し求めるものだと、私は考えています。

フィードバックには賞味期限がある

2つのフィードバックは、伝えるタイミングも鍵になります。タイミングは、早いほどいいのは言うまでもありません。つまり、フィードバックには賞味期限があるのです。

仕事をしているパートナーの作業を中断させてフィードバックするのは、正直私も躊躇《ちゅうちょ》していました。とくに行動是正のフィードバックは、伝える側もいい気分にはなれません。つい、「仕事が終わってからでいいかな」と後回しにしがちです。

しかし、ネガティブなことを伝える時こそ、早めにするべきです。問題行動に気づいたら、すぐにフィードバックをすることで、本人はその重大さを意識することができます。逆に、3日経ってから「あの時のことなんだけど」と指摘しても、話を掘り返しているようで効果的ではありません。

また、みんなが見ている前で「今の対応だけどさ」とフィードバックすると、本人のプライドは傷ついてしまいます。お客様の前でしたら、お客様は不快に感じるでしょう。お客様の前で店員を怒鳴りつける飲食店がたまにありますが、ああいうのは接客サービスでは論外だと思います。

ネガティブなことほど、1対1で話すのは大原則です。私はバックヤードに来てもらい、1対1で話すように心がけていました。

行動強化のフィードバックも同じです。すぐに褒めないと、本人が何をしたのか忘れてしまうこともあります。その場で褒めるのは難しくても、その日のうちに伝えるのが基本です。

是正に対して、行動強化のフィードバックは、みんなが見ている前でどんどんしたほうがいいでしょう。他の人も話を聞きながら、「そうか、ああいう場面ではそういう行動を取ればいいのか。今度やってみよう」と自分で取り入れようとします。小さなことでもフィードバックしていたら、みんなで褒め合う環境を作るきっかけにもなるでしょう。

みなさんの周りに、「お前はいつもそういう行動を取るよな」と注意をする人はいませんか。もしかしたら、あなた自身に心当たりがあるかもしれません。

こういう注意の仕方は、注意する側に問題があると思います。いつも問題だと思いながら見逃してきたのなら、今まで正そうとしなかった側に責任があるのです。

悪い行動や癖は、一度ついたらなかなか直りません。周りから何も言われなければ「それでいいんだ」と思い、その行動を繰り返し、習慣化してしまいます。

したがって、問題行動は、最初に気づいた段階ですぐに注意することが大事なのです。

対話を重ねて解決策を発見する

「やってみせ、言って聞かせて、させてみて、褒めてやらねば人は動かじ」

これは、大日本帝国海軍の軍人、山本五十六《やまもといそろく》の言葉です。有名なので、みなさんもご存じでしょう。

この言葉には続きがあります。

「話し合い、耳を傾け、承認し、任せてやらねば、人は育たず。
やっている、姿を感謝で見守って、信頼せねば、人は実らず」

この言葉は、スターバックスのミッションやスタースキルに通じるものがあると私は思います。

とくに、「話し合い、耳を傾け、承認し、任せてやらねば、人は育たず」を実感する場面を、私は何度も何度も現場で味わいました。

私がディストリクトマネージャー（地区責任者）に就いていたころの話です。ディストリクトとは「地域、地区」という意味です。ディストリクトマネージャーはストアマネージャー（店長）より1つ上の役職で、都道府県ごとにいくつかのエリアに区切り、そのエリアのお店をすべて管轄します。

私は埼玉県のあるエリアを担当していました。そのエリアで、新しいお店を同時期に2カ所出店した時のことです。

一方のお店は男性の高田さん（仮名）を、もう一方は女性の佐藤さん（仮名）をストアマネージャーに任命しました。

高田さんは30代後半で、アクティブに動く、はつらつとしたタイプでした。コミュニケーションの取り方もうまく、周りの人から親しまれていました。

佐藤さんは中途採用で入った社員で、実は人の上に立って仕事をするのは初めてでした。仕事の能力は高いのですが、自分の考えを主張するのが苦手で、コミュニケーションを取るのが不得手なタイプです。そんな佐藤さんにストアマネージャーを任せるのは、私にとってもかなりのチャレンジでした。

私は2つの店舗を行き来していたのですが、「こんなに差が出るもんなんだな」と驚くぐらい、仕事の進捗《しんちょく》状況に開きがありました。

新店の準備にあたっては、売り上げ計画や採用、育成などの事業計画をストアマネージャーが作成します。機器類もそろえなければならないし、商品や備品の発注作業や納品された商品を配置する作業など、やることは山ほどあります。

高田さんは、わからないことがあるとすぐ私に相談し、パートナーたちに仕事をどんどん割り振っていました。私が出る幕はほとんどなく、準備は順調に整っていました。

ところが、佐藤さんのお店のほうは、準備作業が停滞気味でした。佐藤さんからの相談はほとんどなく、独断で作業を進めていました。

もちろん、主体的に行動するのは、スターバックスが求めていることです。同時に、困った時に助けを求めるというスタースキルもあります。どういう時に自分だけで判断し、どんな場面で人に頼ればいいのか。その兼ね合いを判断するのも、リーダーとしての務めなのです。

初めてのストアマネージャーだからわからないことも当然多いでしょうし、加えて1人でできるような仕事量ではありません。私も、繰り返し「何かあったら相談してね」と伝えていたにもかかわらず、佐藤さんは自分ですべてを抱えてしまっていました。どうやらストアマネージャーになったことへの気負いがあり、必要以上に「らしさ」を見せなければならないと考えている節があったようです。手を差し伸べてあげたくてもできないので、こちらも困り果てていました。

たとえば、私が「開店までの事業計画は、そろそろ立てたかな」と尋ねると、そこで初めて「やり方がわかりません」と言ってくるのです。

こちらで教えながら途中まで計画表を作り、残りは3日後までに終わらせると約束して、その時は帰りました。

ところが3日後、お店に行くと、計画表はまだできていなかったのです。

こういう場面では、すかさずフィードバックです。

「どうしてできてないのかな」

「業者とのやりとりで忙しくて……」

「でも、3日後までにやるって約束したよね」

「そうなんですけど、他の仕事で手いっぱいで」

「そうならないためにも、計画が大切だと思うんだけど、そもそも計画を立てないと誰が困るんだろうね」

「私です……」

フィードバックをすると、佐藤さんもその時は反省して行動を改めます。けれども、別の仕事でまた期日を守れないことが何回もありました。私もさすがに我慢の限界を超えそうになりましたが、「佐藤さんは初めてストアマネージャーになったんだから、いっぱいいっぱいになるのは当然だよなあ」と思い直し、諦めずにフィードバックを続けました。

そうこうするうちに、佐藤さんは徐々に仕事がこなれていき、私との距離感は縮まっていきました。

そして、いよいよ開店となりました。

オープン直後は、佐藤さんもパートナーたちもやる気に満ち、お店には活気があふれていました。その様子を見て、「これなら大丈夫かな」と思っていたのですが、そう簡単にはいきませんでした。

しばらくして佐藤さんのお店を訪ねると、雰囲気は一変していました。

パートナーたちの表情は暗くどんよりし、お客様を見ないまま「こんにちは」と呼びかけています。その声にも覇気はありません。そして事務的にオーダーを受け、黙々とコーヒーを淹れるのです。これではお客様に感動経験を与えられるわけなどありません。

一方で高田さんのお店は、いつ行っても明るく、「目黒さん、こんにちは！」とみな笑顔で出迎えてくれます。ストアマネージャーもパートナーも、気持ちよく仕事をしているのは見ているだけでわかりました。だからといって、仲よしチームのような雰囲気でもありません。高田さんはパートナーに対して言うべきことはきちんと伝えるので、いい信頼関係を築けていました。

やがて、佐藤さんのお店で働くパートナーのリーダーから、相談を受けました。

「佐藤さんは僕たちにはあれこれ指示を出すんだけど、自分では動かないんですよ。いつまでにやるっていう約束も守らないし、言い訳ばっかりしてるんです」

「サポートセンター（本社）からの情報が、全然私たちに伝わっていないんです。新商品の情報も直前に知らされるので、準備の余裕がありません。このままじゃこのお店、やばいですよ」

佐藤さんはお店がオープンしても相変わらず、期日を守れないという部分は改善できていなかったのです。やるべき仕事が多くて手いっぱいになっているのでしょうが、パートナーの役割分担もできずにいました。そのうえ情報提供も不十分で、チームの調和が取れなくなっていたのです。

それを聞いても、私は「ストアマネージャーとはこうあるべきだ」と佐藤さんに教えを説くつもりはありませんでした。彼女自身に解決策を見つけてほしかったからです。

「パートナーから仕事の進め方について意見があったんだけど、今のお店の状態をどう感じてる？」

「あまりよくないと思います」

そう答える彼女はやつれて顔色も青く、悩んでいる様子がありありとわかります。

「そもそも、どういうお店作りを目標にして、僕たちは始めたんだっけ？」

「それは……お客様に感動経験をしてもらうようなお店って……」

「今の状態は、それに沿ったものかな？」

「全然違います……」

「何がそうさせてるのかな」

1つずつ問いかけながら、佐藤さんの心を整理していきます。彼女にとってもつらいプロセスです。時には涙ぐむこともありました。

そういった対話を重ねていくうちに、ある時佐藤さんは「私は自分から動きたい気持ちはあるんですけど、動けない自分がいるんです。ストアマネージャーなのに間違ってたらどうしよう、って思うと、何もできなくて。本当は知らないんだけれど、パートナーに聞かれたら知ったかぶりしちゃったりとか」と打ち明けてくれました。

さらに、「パートナーのみなに謝りたい」という言葉が出てきました。ようやく、自分から周りの人に歩み寄る決心をしたのです。

「それはいいことだね。できてない自分を認めて、それを謝罪するのはいいことだと思う。でも、謝っただけではダメだよね。これから先、どうすればいいのかを見つけないと」

そこからの佐藤さんは変わっていきました。

周囲としっかりコミュニケーションを取り、仕事もパートナーにどんどん任せるようになりました。パートナーの問題行動をフィードバックできるようになり、自分がどういうお店を作りたいのか、展望をパートナーに少しずつ話すようにもなりました。

すると、お店の雰囲気は徐々に明るくなっていったのです。パートナーとの間に信頼感が生まれたのは、見ていてよくわかりました。

この体験を通して、人は誰でも成長する可能性を持っていて、どんなに厳しい状況であっても、諦めなければ状況を変えられるのだと改めて思いました。

そのためにも、本人がしっかり自分の心の弱い部分と向き合わなければなりません。

自分で気づかなければ何事も身につかない

こういう時に、周りが「もっとよく考えろ」と諭しても効果はないでしょう。本人に振り返ってもらい、本人に答えを導き出させるために、フィードバックで誘導しながら気づいてもらうしかないのです。

みなさんが上司の立場なら、つい部下に対して「ああしろ、こうしろ」と教えてあげたくなるかもしれません。それでトラブルは解決できても、本人の成長につながるとは限りません。でも、「終わりよければすべてよし」という言葉がありますが、結果がよくてもそこに至るまでのプロセスを大切にしなければ、本人にとってはよい結果とは言えないでしょう。

最近の傾向として、正しいプロセスを示してあげないと行動に移せない人が多く見受けられます。しかしながら、結果にたどりつく手法は無限にあるはずです。どれが正しいかは、やってみないとわからないし、またやった自分にしかわからないでしょう。だからこそ、苦労したり試行錯誤したりするという経験は、結果とは切り離して向き合うべきなのです。

自ら気づくことで大きく成長したエピソードといえば、もう1人忘れられないパートナーがいます。

ディストリクトマネージャーをしていたころ、埼玉県に新店をオープンすることになりました。ストアマネージャーに抜擢《ばってき》されたのは、石川君（仮名）です。石川君は学生のころから新宿にあるスターバックスでアルバイトをし、その後新卒1期生で入社しました。

実は、彼は社内でちょっとした有名人でした。私は、彼と初めて会った日のことを今でも忘れられません。

新規店舗のキックオフ・ミーティングをするためにサポートセンターの会議室で待っていると、ドアを開けて入ってきた石川君は開口一番、「あ、目黒さんっすか。よろしくお願いしま～す」と低い声で挨拶《あいさつ》したのです。

普通なら、「目黒さんですか？　はじめまして、石川と申します」と丁寧に挨拶するでしょう。

シャツの胸ボタンは「いくつ開けてるんだよ」とツッコミを入れたくなるぐらい外し、目つきも鋭く、いかにもヤンキー上がりのお兄ちゃんという感じでした。

ただ、話してみると根は素直ですし、仕事に対してはまじめに考え、何より熱意を持っているのもわかりました。学生のころから働いているので、スターバックスのマインドはきちんと身についています。

お店で働く石川君を見ていると、学生アルバイトに対しても面倒見がよく、優しく接していました。ところが、何かの拍子に「お前なあ、そうじゃないだろ？」などとトゲのある言葉が出てきます。忙しいと、イライラして近寄りがたいオーラを発している時もありました。学生さんたちは戸惑い、どこか怖がっている雰囲気もありました。

大きな問題はないものの、「なんかおかしいな」と気になったので、彼とコミュニケーションを積極的に取り、原因を探ることにしました。

そしてある日、その理由がやっとわかりました。

彼は新宿のお店のオープンの時からずっと働いていたので、都会の人気店に勤めることに対してプライドを持っていたのです。

ところが埼玉のお店に配属となり、「えっ、なんでこのオレが埼玉に？」とかなりショックを受けたようなのです（埼玉県の方が読んだら怒りそうですが、あくまでもその時の石川君はそういうイメージを抱いていたという話なので、ご勘弁を……）。

理由がそれだけならまだいいのですが、石川君は新卒で入った時に最初の配属先に行き違いがあったらしく、会社に対して少しばかり不信感を持っていました。

そういった不満が積み重なって、彼の表情となり態度となり、外ににじみ出ていたのです。私の感じた違和感の正体はこれでした。

エスプレッソを入れる技術やコーヒーの知識に関しては、私は彼にかないません。しかし、彼が必要としている「マネジメント」の視点で私が伝えるべきことは、たくさんあります。そのことに私自身が気づき、それからは彼の「気づき」を引き出すよう努めました。

「この店をどういう場所にしたいの？」

「最初に会社が約束を守らなかったのは悪かったかもしれないけれど、この先もずっとそれを引きずっていくつもりなの？」

投げかけるたびに、石川君の目は遠くを見つめていました。

経営コンサルタントのスティーブン・R・コヴィーによる名著『7つの習慣』（フランクリン・コヴィー・ジャパン訳、キングベアー出版）によれば、人は他者に対して銀行の口座のように信頼の残高を持っており、何か事が起きるたびに、信頼残高を増やしたり減らしたりしています。石川君は、これまでの一連の出来事から、会社に対する信頼度合いを下げてしまったようでした。そこで私は、上司という立場だけでなく、同じ人間として彼に対する信頼残高を増やすことを実践しようと決めました。

最初に意識したのは、「相手を理解する」こと。これは逆を言えば、自分のことを知ってもらうことでもあります。可能な限り、石川君のお店を訪ねる時間を多く取り、対話を増やしました。ある時は休憩時間にランチを取りながら、お店のことからプライベートなことまで、お互い話しました。また、帰宅途中にちょっと顔を出す時間も、意識的に取るようにしました。休みの日には、当時5歳だった私の息子を連れてお店を訪ね、話をさせたこともありました。

こういった積み重ねは、「小さなことを大切にする」ことにもつながりました。接する時間を増やすことで、「ちゃんと見ている」「いつも気にかけている」ことが伝わったように思います。

こうして信頼関係を回復していく中で、彼の態度も少しずつ変わっていきました。パートナーとの接し方も変わり、冗談を言うなど、仲間として受け入れるようになったのです。するとパートナーたちも、「最近、石川さん変わった。優しくなった」と見る目が変わります。まだ見た目はツンツンしているのですが、石川君のいい部分が出るようになりました。

オープンしてから間もない時のことです。

お店に覆面調査員、いわゆるミステリーショッパーがやって来ました。ミステリーショッパーについては後述しますが、スターバックスでは定期的に彼らが調査して、お店の向上を図っています。

その調査結果によると、石川君のお店は100点満点中99点でした。オープン直後なのに、いきなりの好成績です。

ところが、彼は「なんで100点じゃないんだよ〜」と悔しがっていました。

そのマイナス1点は、販売している商品の1つにプライスカード（値札）がついていなかったのが理由でした。

その時私が、「僕は知ってたんだけどね」と言うと、石川君は驚いて目を見張り、「どうして教えてくれなかったんですか！」と言いました。

その日のオープン前に店内の準備を見て回った時、私は1つだけプライスカードのついていない商品を見つけ、「最後にもう1回、店内を確認してね」と石川君に伝えていました。

「言うのは簡単だけど、気づくほうが大事なんじゃないの。この1点でこの先、プライスカードのことは絶対に忘れないだろ？」

そう伝えると、「そうですね」と彼は素直に受け止めました。

人に教えられて目先の100点を狙っても、それはその場しのぎにしかなりません。自分で発見しない限り、何事も身につかないものなのです。

オープンから数カ月後、お客様がご意見を入れるポストに、こんな投書が入っていました。

「オープン直後と比べて、最近の店長さんは表情が和らいで、笑顔が見られるようになりましたね」

最初のツンツンととんがっていた彼を思い出して私は爆笑、彼は苦笑いでした。

自ら気づくことで人は成長するんだと、私はこの時改めて実感しました。

こちらが手取り足取り教えて、答えを出してあげるのはとても簡単です。

しかし、大事なのは答えを知ることではなく、答えを導く力を身につけることなのです。「立ち止まって、見て、学ぶ」というプロセスを経て自分で気がつくほうが10倍大事ですし、100倍人生の勉強になると、私は思うのです。

「外の意見」でもっと成長する

前述した覆面調査員、いわゆるミステリーショッパーは、「スナップショット」とも呼ばれています。

調査員が一般客を装い、お店の状態や、サービスや商品の質を点数化するもので、「ミシュランガイド」などでその存在は有名かもしれません。

お店のスタッフは、誰が調査員なのかはわかりません。いつの間にかやって来て、さりげなくあちこちをチェックして帰っていくのです。

一般的には、スナップショットはお店側にとってあまり嬉しくないはずです。結果がお店の評価にダイレクトに反映されてしまったり、マイナス点が叱責《しっせき》の材料になりがちだからです。

しかしスターバックスの場合、それが他とは少し違います。

嫌な顔をするどころか、「ぜひ来て。ぜひ見て回って」という感じで、スナップショットの来店を楽しみにしている雰囲気があるのです。

ストアマネージャーをはじめとするパートナーたちは、お客様に喜んでもらうための準備を自信を持って行っているからこそ、その状態をしっかりと確認してほしいと思っているのです。

パートナーたちは、スタバの文化を自分たちで守っているという自負があります。

ですから、自分たちのお店は、いつスナップショットが来ても100点だと自信を持っているのです。

その証拠に、評価で出される全店の平均点は、常に90点台をキープしていました。

ところが、パートナーたちはその高得点を見てもガッカリするのです。

「なんで100点取れなかったんだろう?」

「次の月はここをもっと強化して頑張ろうよ」

と常に満点を狙っています。

他店のよいところを吸収しようと、仕事の帰りや休みの日に、高得点を出したお店を見に行くパートナーもいます。


私はサポートセンターに勤務してからもお店に立ち寄ることが多く、仕事帰りや休日に様子をうかがうこともありました。ディストリクトマネージャーの時と違い、店舗運営よりも人事系の仕事が大半だったので、用を済ませて何も言わずにお店を出ようとしました。

するとストアマネージャーが飛んできて、「待ってください、フィードバックをくださ い!」と懇願するのです。

「おっ、そうだったね……んー、みんなの笑顔がいい!」

「いや、そういうざっくりした意見じゃなくて、具体的にお願いします」

このような感じで、パートナーたちは絶えずフィードバックを求めていました。

それは自らを成長させ、お店をよくしたいと強く思っているからでしょう。自分の存在意義を確認できる場面でもあります。

つまり彼らは、「外の意見の大切さ」をわかっているのです。

どんなに自分たちが100点だと思っていても、身内の目は知らないうちに甘くなってしまいます。そして、どんなに自分たちが100点だと思っていても、お客様が100点だと思えなければ、何の意味もないでしょう。

お客様として好きになったスターバックスが、自分が店員になった後も、お客様に好かれるスターバックスであるかどうか。それを確認できるから、ディストリクトマネージャーの巡回や、スナップショットの評価を大事にしているのです。

ディストリクトマネージャーをしていた時、担当していたお店のバックヤードに、「スナップショット対策」というタイトルの紙が貼られていたことがありました。ストアマネージャーに紙のことを尋ねると、「前月のスナップショットの点数が低かったので、今月は必ず100点を取ろうと思って強化ポイントを貼り出すことにしたんです」と語り、その話しぶりからは満点を取りたいという気持ちがあふれ出ていました。

しかし、私はすぐにその紙を外すことを指示しました。

「私たちは1人1人のお客様のためにサービスを強化しているのであって、スナップショットの点数のために行っているわけではないですよね。お客様やコーヒーに対して、気持ちを込めて繰り返し対応することで、お店のレベルやパワーがアップするんです。強化しなくてはならないことは同じだとしても、それをスナップショット対策として打ち出した瞬間に、ゴールが180度変わってしまうでしょ」

私の話を聞いて、ストアマネージャーははっとした顔になり、すぐにその紙を外してくれました。このように、いい評価を得ることが目的になってしまわないように注意することも必要です。

フィードバックは人からの意見であり評価ですから、とらえ方1つで、嬉しいアドバイスにも、嫌な意見にもなってしまいます。どんなに相手に配慮したフィードバックをしても、外の意見に耳を塞《ふさ》いでしまう人は、変えることができません。

それでも、私はフィードバックをし続けるのは大切だと思います。

なぜなら、人は自分のことをわかっているようでわかっていないものだからです。自分で考えている自分と、他人が見ている自分の評価が違うのは、よくある話です。その差に気づかないことには、直しようがないでしょう。

最近の若者は打たれ弱いからと、注意するのを避ける人もいるようですが、本気で相手の成長を考えるのであれば、言いづらいことほどあえて伝えるべきではないでしょうか。

マニュアルだけで感動を提供することはできない

私がスターバックスに勤めていたころ、アメリカのシアトルにある本社を訪れた時の話です。

シアトルはスターバックス発祥の地です。１９７１年にシアトルで1号店が誕生し、今ではその店は観光スポットになっています。

シアトルの街には信じられないくらい、あちこちにスターバックスが存在します。お客様はその中から、気の合う店員がいるなどといった、自分に合うお店を見つけて通っているのです。

私は、多くのお店を訪ねてパートナーたちに声をかけました。

「日本のスターバックスで働いているんだ」と言うと、「シアトルに何をしに来たの？仕事？」と気さくに話しかけてくれました。私が座っている席の隣で、「日本のスタバはどんな感じ？」と、30分も世間話をするパートナーもいました。思わず、「仕事は放っておいてもいいの？」と聞きたくなったぐらいです。

日本だったら「仕事をサボってムダ話をしている」と言われそうですが、これが本場アメリカ流のスタバの接客だったのです。

すぐに行列ができてしまう日本では難しいのですが、私はそこに、スターバックスが思い描く「ホスピタリティ」の原点を見た気がしました。

1章でもお話ししたように、スタバには接客マニュアルはありません。それは、自分の頭で考えてお客様と向き合ってこそ、感動を与えられるという考えがあるからです。

一般的な飲食業では、「いらっしゃいませ」に始まり、「ご注文はお決まりですか」「一緒にドリンクはいかがですか」といったセリフが決まっています。お辞儀の仕方やお金の受け渡し方も決まっているでしょう。

「アメリカ発のお店だからマニュアルがないのでは？」と思うかもしれませんが、同じアメリカ発のマクドナルドにはマニュアルがあります。元々マニュアルは、人種のるつぼであるアメリカでは人によって話す言語も考え方も違うので、作業を理解してもらうために作られたと言われています。

ちなみに、私が以前働いていたドミノ・ピザにもマニュアルは存在しました。接客経験ゼロの人にも、マニュアルなしでお店に立ってもらう。しかも、お客様から見たら新人もベテランも関係ありません。たとえ経験ゼロの新人であっても、スターバックスの信用を壊さないような接客をしなければならないのです。

そんな超難題にあえて挑んでいるのが、スターバックスのすごさなのです。

ただし、マニュアルがないからといって、何でも許されるわけではありません。無言でサービスをしたり、パートナー同士でおしゃべりをしながら接客をしたり、お客様を不快にさせるような行動は許されません。スターバックスのミッションは、お客様に感動経験を与えることですから。

スターバックスでは、お客様が入ってきた時に「いらっしゃいませ」と言うパートナーもいれば、「こんにちは」と声をかけるパートナーもいます。お客様が帰る時に「ありがとうございました」と声をかけるパートナーもいれば、「行ってらっしゃいませ」とお客様を送り出すパートナーもいます。

バラバラだと、お店にまとまりがないと感じますか？

でも、心に響くサービスは、お客様1人1人によって異なるものだと思います。

「心を込めてサービスをしよう」と言われても、実際は簡単にできるものではありません。お客様にかける言葉や商品の受け渡しなど、すべてがマニュアル化されていたら、「それをしていればいいんだ」とマニュアルに依存してしまうでしょう。そこには、お客様1人1人の立場になって考えるという大事な視点が抜け落ちています。

私はよく、「なぜわざわざ人を介して売っているのか」という問いをパートナーに投げかけていました。効率さえ重視すればいいのなら、自動販売機のほうが早くて便利でしょう。なぜ、お客様にお店に来てもらい、自分たちの手でコーヒーを販売しているのか。その理由を考えれば、どのような接客を心がければいいか、おのずとわかってくるのではないでしょうか。

目の前のお客様が何を望んでいるのかは、お客様の表情や声のトーン、立ち居振る舞いを観察していないとわかりません。急いでいたり、お客様が暑い日に汗だくだったり、雨の日に服がぬれていたりしたら、そこでかける言葉も変わってくるはずです。

それが相手の立場になって考えるチャンスにもなり、心を込めたサービスにつながると思うのです。心の込め方は人によって違います。それをマニュアル化しようとした時から、サービスは単なる形だけになってしまうのではないでしょうか。

本当は、接客マニュアルがあるほうが楽でしょう。

マニュアルは、教育を仕組み化するうえではとても便利なものです。スタッフの教育は効率化されますし、お客様はどのお店でも同じ接客を受けられます。

しかし、マニュアルで行動を定めてしまうと、人はそれ以外のことができなくなりますし、しなくなります。これはサービスの画一化をまねき、個性がなくなり、お客様を失望させてしまう原因にもなると私は思います。

たとえば、スタバでは注文を受けた時に、カップにマジックで商品名のコードを書くという習慣があります。これは商品を間違えないためです。

この時、コードだけではなく、ちょっとしたイラストを描くパートナーがいます。ニコちゃんマークのような顔を描く人もいれば、ハートを描く人もいます。顔なじみのお客様であれば、名前を書くこともあります。これも、心を込める接客の1つでしょう。私自身も、お客としてコーヒーを購入した時に、カップに書かれたメッセージを見て特別な思いを感じました。自分だけが何か特別な対応をしてもらったようで、満足感を得ることができたのです。

以前、パートナーに話しかけられて「もうすぐテストなんです」と答えた学生さんが飲み物を受け取ると、「Fight!!《ファイト》」とコップに文字が書かれていたそうです。ツイッターにその写真を投稿していたので、その学生さんはよほど嬉しかったのでしょう。

豪華なおもてなしではなくても、工夫と「お客様を喜ばせたい」という気持ちがあれば、ペン1本でもサービスは提供できます。こういった温かい交流は、マニュアルに縛られた行動の中では実現できないはずです。


サービスは、相手の期待値を超えなければ感動を与えられません。

「いらっしゃいませ」と相手を出迎え、「ありがとうございました」と頭を下げて相手を送り出す。これらは接客業では当然であり、お客様も予想している当たり前の行為です。

マニュアルは、その期待値がマイナスにならないための教育システムであり、お客様の期待を超えるプラスの価値を生み出すのは難しいのです。

マニュアルがないと、統率が取れなくなると考える人もいるかもしれません。

スタバでマニュアルがなくても現場が混乱しないのは、1章でお伝えしたように、最初の研修でミッションを理解していることが大きいと思います。共通の理念や目標を徹底して共有していれば、大きな混乱は起きないでしょう。大きな組織であっても、人から人へマニュアルに頼らず語り継いでいくことは、不可能ではないのです。

もちろん、工場のような精密な作業をする現場ではマニュアルは必要です。しかし、サービス業や販売業、営業職など、人と対面する仕事では、マニュアルが提供できることは限られています。

マニュアルが出発点になるのはいいのですが、マニュアルがゴールになってはいけません。コミュニケーションは、実際に人とやりとりして失敗をしながら、磨いていくしかないのです。

「スタバらしさ」がまねく暗黙のマニュアル

このように、スターバックスは接客のマニュアルがなく、個人の考えでお客様のために動くことが求められています。それが、スターバックスならではの自由でフレンドリーな空間を作っています。

しかし、主体的に動くという概念自体が形骸化しつつあるのではないか、と時折感じることがあります。

たとえば、最近はどのお店に行っても、「こんにちは」と挨拶をされることが多いのです。すべてのお店で、すべてのパートナーが「こんにちは」と出迎えてしまったら、暗黙のマニュアルが存在しているのと一緒なのではないかと思うのです。

それぞれが主体的に動くことを求めているのなら「いらっしゃいませ」と出迎えても、「暑いですね」と声をかけてもいいはずです。

一般的な飲食店が「いらっしゃいませ」と出迎えるところを、「こんにちは」と言い換えるだけで主体的に動いていると思っているのなら、ミッションの本質を理解していないことになるでしょう。

また、スタバで働くことを誇りに思っている人が多いため、「スタバらしさ」という固定観念が生まれているような気もします。

挨拶を例に挙げると、「こんにちは」はスタバらしく、「いらっしゃいませ」はスタバらしくない、ということになるでしょうか。

もちろんこうした「スタバらしさ」という価値観は、スターバックスに対する愛着、愛情から生まれているものです。

しかし、それが行き過ぎると、何か新しいアイデアが出た時に、「それってスタバらしくない」と切り捨ててしまうのです。そうなると、多様性を受け入れるというミッションからかけ離れてしまいます。

どんな企業にも「らしさ」はあります。これは、理念をもとにした日々の行動や考え方が繰り返されることで生まれる特徴であり、1人1人の言動にそのまま表れるのでしょう。一方で、単に物事を比較して「らしくない」という判断をすることで、よくない方向に固定化されてしまうという懸念もあるのです。

「らしさ」にこだわり過ぎると、企業の成長は止まってしまいます。進化するには変化していかなければなりません。「らしさ」を尊重しつつも、時代のニーズを反映していかないと、企業は衰退の一途をたどることになるのではと考えます。

Chapter 3

スタバで培ったチーム・マネジメント

自由に意見を言い合える関係が強いチームを作る

理想のチームワークとは何か？

チームワークを発揮するには、チームメンバーの1人1人が結束する必要があります。結束力を発揮するためには、チームのメンバーが互いに助け合って、1つの目標に向かっていかなくてはなりません。

一般的にはリーダーが命令を下し、メンバーが忠実にしたがうのがいいチームのように考えられています。

もちろん、それでうまくいくこともありますが、それだけでは不十分です。なぜなら、リーダーの指示にさえしたがっていればいいという指示待ちのメンバーが出て、自らの力で考えなくなってしまうこともあるからです。また、リーダーの意見や指示がすべてとなってしまい、それ以上のことをしない、そしてできなくなるのです。こういうチームは、お客様に柔軟な対応を取れなくなります。すると達成感や充実感も味わえなくなり、やる気はなくなっていくでしょう。

そのようなチームは、リーダーが変わった途端、崩壊する可能性があります。名監督がいなくなった後のプロ野球チームが、一気に低迷してしまうのと同じことです。

また、自分が優秀な成績を上げることだけを考えていたら、チームワークは成り立ちません。スタンドプレーをする人が多いと、他のメンバーへの配慮が欠けてまとまりのないチームになってしまいます。


スターバックスでは、パートナー同士でもフィードバックし合います。ストアマネージャー（店長）ではなくても、新人パートナーの行動で問題点を見つけたらフィードバックしますし、いい行動も積極的に褒めています。

さらに、パートナーがストアマネージャーに対してフィードバックする時もあります。自由に意見を言い合い、切磋《せっさ》琢磨《たくま》できる職場なのです。

それは、みんなが同じチームで働いているという意識が高いから。あらゆる仕事を他人事ではなく、自分事としてとらえているのです。自分の役割ではないからやらなくてもいいと考えるのではなく、誰もが自分の知っていることは伝え、困っている人がいたら助けるようになると、自然と結束力は強まります。

さらに、研修のころからミッション（使命）を教わっているからか、互いのいい部分を認め合い、協力してやっていこうという気持ちが強いのです。

とくにスターバックスの場合は、ストアマネージャーが数年で変わるケースはよくあります。

リーダーが不在であったり変わったりしても、チームとして目指すゴールが明確で、パートナー同士で教え合い、意見を言い合える環境が整っていれば現場は混乱しません。ストアマネージャーのもとで働くというより、「今いるお店で働く」ことに誇りを持てるようになれば、一体感が生まれるでしょう。

みなさんも、自分の会社あるいは自分のチームの結束力を高めたいのなら、自由に意見を言い合える環境を作ることが第一だと思います。できていないところを互いにフォローできるようになれば、強いチームになるのは間違いありません。

この章では、スタバのパートナーがどのようにコミュニケーションを取りながら、チームとしてのパフォーマンスを図っているのか、さらに掘り下げてみたいと思います。

新人には仲間が教えよう

どこの企業でも、新入社員の育成は重要課題でしょう。

最近は、ちょっと叱っただけですぐに会社を辞めてしまう若者が話題になっているように、企業にとって悩ましい問題でもあります。

多くの企業がメンター制を導入し、新入社員のサポートをする人を割り当てるようになりました。スターバックスでも、新人パートナーを現場に1人にするようなことはしません。80時間の研修を経てバリスタ（コーヒーを作る役割）になったとしても、まだサポートは必要だと考えています。「研修で教えたでしょ」と突き放したりはしません。

バリスタになってすぐにテキパキ働ける人もいれば、慣れるまでに時間がかかる人もいます。私自身、初めてお店に立った時はレジを打つ手が震えましたし、ベーグルの種類をなかなか覚えられなくて苦労しました。それぞれの成長に合わせて教えていかないと、あきらめたり、プレッシャーに押しつぶされたりする人が出るでしょう。お店に出てからが本番なのです。

スターバックスでは、教える役割の人を**ピアコーチ**と呼びます。

ピアコーチの「ピア」とは「仲間」という意味です。店内での研修は、このピアコーチたちから受けます。コーチといえども、教えるのが専門ではなく、時には自分の仕事をこなしながら指導することになります。

新人パートナーは仕事に慣れるために、最初はレジやドリンクなどを1時間ごとに担当していきます。スターバックスでは役割がハッキリと分かれているので、1人のパートナーがレジを打った後でドリンクを作ることはしていません。すべて分業です。ピアコーチは基本的に新人パートナーの後ろに立って、サポートをします。

私は、ピアコーチが新人パートナーを担当するのは、3つの効果があると考えています。

① 助けを求める大切さを学ぶ

1章でご説明した、「困った時は助けを求める」というスタースキルです。

実際、新人パートナーはなかなか周りの人に頼れません。先輩たちが忙しそうにしていると声をかけるのをためらいますし、何度も同じことを聞いたら叱られるのではないかと考え、自分で何とかしようとします。自分の頭で考えて行動するのは大事なのですが、基本ができていない状況でそれをやると、たいていは問題が大きくなってしまいます。

ピアコーチがつきっきりで教えていると、「こういう場合でも相談していいんだ」とだんだんわかってきます。

トラブルが起きたら周りに即相談するという習慣を身につけさせるためにも、この時期にピアコーチの存在は不可欠なのです。

② 小さな成功体験を積ませる

新人が失敗しながら仕事を覚えていくのも大事ですが、あまりにも続くと心が折れてしまうでしょう。一度自信を失ってしまうと、取り戻すのは容易ではありません。ピアコーチが手助けしながら、「レジ打ちで間違えないようになった」「行列ができていても落ち着いて対応できるようになった」と少しずつでもできることが増えていけば、自信につながります。

成功体験を積ませるためにピアコーチがやるべきサポートは、背伸びして届くゴールを設定することです。「背伸びして届く」という距離感が重要で、あまり遠過ぎる目標を与えてしまうと、達成できなかった時にかえって逆効果になります。ちょっと工夫したり努力したりすればできるような仕事を教えて挑戦させれば、新人はモチベーションを維持することができるでしょう。

③　考える習慣を身につけさせる

2章でお話しした、2つのフィードバックをもっともよく使うのが、この時期です。できていないことをそのつど考えさせ、よかったこともその意味を考えさせることで、深く思考するようになります。

そばについて教えると、技術的なことだけではなく、どの時間帯が混み合うのか、どんなお客様が多いのかといった、現場の仲間たちしか知りえない情報も教えることができます。

「あのお客様は話し好きだから、どんどん話しかけても大丈夫」「あちらのお客様はせっかちだから、お待たせしないように」といった情報も共有できるでしょう。

このように、現場の仲間とコミュニケーションを図りつつ、より現場に根づいた知識を得られるようになるのです。

また、ピアコーチのコーチングには4つのステップがあります。

①説明する

②やってみせる
③やってもらう
④フィードバックする

新人の育成でありがちなことは、②の「やってみせる」というステップを飛ばしてしまうことではないでしょうか。

新しいことを学ぶ時、人は耳からの情報、つまり口頭で説明を受けることで手順を理解しますが、それをすぐに実行に移せる人は少ないと思います。実際にやってみて、「思っていたより難しい」「ここはスムーズにいかない」ということに気づいて、つまずくことがあるからです。

ピアコーチが自ら手本を示し、ポイントやコツを伝えることで、理解はより深まります。そして、身近な仲間である先輩が自らやってみせることは、教えられる側だけでなく、教える側の成長にも効果があると言えるでしょう。

お客様にもパートナーにも最初は「イエス」

スターバックスでは、毎年春になると桜のタンブラーが発売されていました。

毎年デザインは変わるのですが、ボトルにピンクの花びらの絵が散らしてあったり、大きな桜の花が描かれていたり、数種類が発売されます。このタンブラーはとても人気があり、すぐに売り切れてしまうこともありました。

店頭に並んでいないと、お客様から「桜のタンブラーないんですか？　無地で花びらが浮き出たのが欲しいんですけど」と聞かれます。

他の企業なら、「申し訳ございません。ただ今、品切れとなっております」などと答えるケースも多いでしょう。

けれども、スターバックスのパートナーは、こういう対応をしません。

「はい。当店では現在品切れとなっていますが、他のお店にあるかもしれないので確認します」と言って、全国のお店に連絡するのです。

それぞれのお店が同じような対応をするので、サポートセンター（本社）には問い合わせの電話がひっきりなしにかかってくるという問題もありましたが、そのくらい一途にお客様のことを考えて対応をします。

つまり、「ノー」ではなく「イエス」で対応するのです。

スターバックスには、**ジャストセイイエス**（Just Say Yes）というポリシーがあります。直訳すると、「イエスで答える」「ノーとは言わない」という意味です。そうはいっても、サービスにはできることとできないことがあり、すべてに「イエス」と言えないはずだと思う人もいるでしょう。

この言葉はそういう意味ではありません。何かを言われた時、すぐに「ノー」と言うのではなく、いったんは受け止めるという意味なのです。結果的に「ノー」になることもありますが、最初はその話をいったん受け止めて、今できる限りのことをするのです。「いいえ、なぜなら……」ではなく「はい。しかし……」により、自らの姿勢や相手に対する印象は、大きく変わります。

「ジャストセイイエス」の話はこれだけではありません。

スターバックスでは、お客様だけではなく、パートナーに対しても「ノー」と言わないのです。

スターバックスのパートナーには、学生、主婦、社会人経験のある人など、さまざまな経歴を持つ、さまざまな世代の人がいます。当然、それぞれの考え方や生き方も異なります。そこでお互いの主張をぶつけていたら、議論は平行線をたどるでしょう。

こういう時に「ジャストセイイエス」が効果を発揮します。

たとえ相手に対して「その考え方はおかしい」「やり方が間違っている」と思っても、頭から否定せずに、「そういう考え方もありますね」とまずは受け止めます。それから、「こういうやり方もありますよ」「その対応よりもこういう対応をすることのほうが多いですよ」とアドバイスをするのです。

多様性を受け入れるには、相手とは考え方が違っていても、まずは話を最後まで聞いて、相手の考え方を受け止めることが大切です。相手も、受け止めてもらっているとわかるだけで安心します。

自分と相手とは違うという現実を受け止められれば、適度な距離感を保って接することができるでしょう。人間関係の多くのトラブルは、その距離感をつかめなくて起きるのではないかと思います。

「ジャストセイイエス」は、すぐに使えるスキルです。

もし、「違う」「ダメだよ」と否定的な言葉が口癖になっているのなら、言葉から「ジャストセイイエス」を意識して実行するようお勧めします。

最初に、「そうですね」「なるほどね」と受け止めてから、「そういう考えもあるけれど、私はこう思います」と自分の主張を述べるのです。

みなさんの職場で、アイデアがなかなか出てこないことはありませんか。会議で意見を求めても、みな目をそらしてしまう。若手社員に企画を出すように言っても、「今は忙しくて」と避けられてしまう。こういう症状があるなら、「ジャストセイイエス」が効果的だと思います。

活発にアイデアが出ない職場は、たいてい職場環境に問題があります。何かアイデアを出しても「前例がない」「うちの会社向きではない」と否定されたら、提案する気はなくなるでしょう。結局、無難なアイデアばかりが集まるようになります。

アイデアを提案された時、「面白いアイデアだね」といったん受け止めてから、「ここをこうすればもっとよくなる」と改善点を伝えたり、「でもコスト的には厳しい」と実現できない理由を伝えたりするのです。そうすれば、今後もアイデアを出そうという気になります。

まあまあのアイデアの場合は、「よく考えてくれたね」と考えたこと自体を受け止めてから、自社がどのような路線を望んでいるのかを説明して、再度練り直してもらう方法もあります。

また、上司に何か仕事を頼まれた時も、「ジャストセイイエス」です。「はい、わかりました」と受け止め、そのうえで「今の仕事が終わってからでいいですか」という具合に交渉すれば、上司も気持ちよく応じてくれるでしょう。「今は別の仕事で手いっぱいです」といきなり拒否するより、スムーズに物事が進むはずです。

多くの場合、指示や課題に対して、できない理由を並べてしまいがちではないでしょうか。「時間がない」「情報が少ない」「協力が得られない」など、現状に対する悲観的な言葉を述べても、何も結果は得られません。

「どうしたら解決できるだろう」「何があれば期待に応えられるだろう」といった、成果に向けた思考にならないと、行動を起こしたり、いいアイデアを生み出したりすることはできないでしょう。「ジャストセイイエス」は、自らの気持ちを前向きにさせ、チーム全体を活性化させる魔法の言葉だと、私は思います。

5種類のGABカード（表面）

私がスターバックスでもっとも優れていると思う仕組みの1つは、**GABカード**です。

GABカードはひと言で言うなら、メッセージカードです。スターバックスには、このカードを互いに贈り合う習慣があります。

これはぜひ、みなさんの会社やチームでも実行してほしいと思います。

GABカードのGABとは、「グリーンエプロンブック」の略です。その名の通り、このカードはグリーンエプロンブックと連動しています。

1章でご紹介したように、グリーンエプロンブックには、6つのミッションと5つの行動指針が書かれています。この5つの行動指針をカードにしたのがGABカードなのです。
5つの行動指針とは、「歓迎する」「心を込めて」「豊富な知識を蓄える」「思いやりを持つ」「参加する」。グリーンエプロンブックには、それぞれの行動について箇条書きで説明があります。ここでは、その一部をご紹介します。

歓迎する

どんな人でも親しみを感じられるように
・感動経験を提供し、お客様の日常に潤いを与えましょう。
・お客様がいらっしゃったら、挨拶《あいさつ》をし、
・お客様の目を見て、
・会話を始めましょう。
・お客様が好きなドリンクや名前でお客様を覚えましょう。
〈後略〉

このキーワードをヒントに、期待されていることを実践できるように考え、行動するのです。

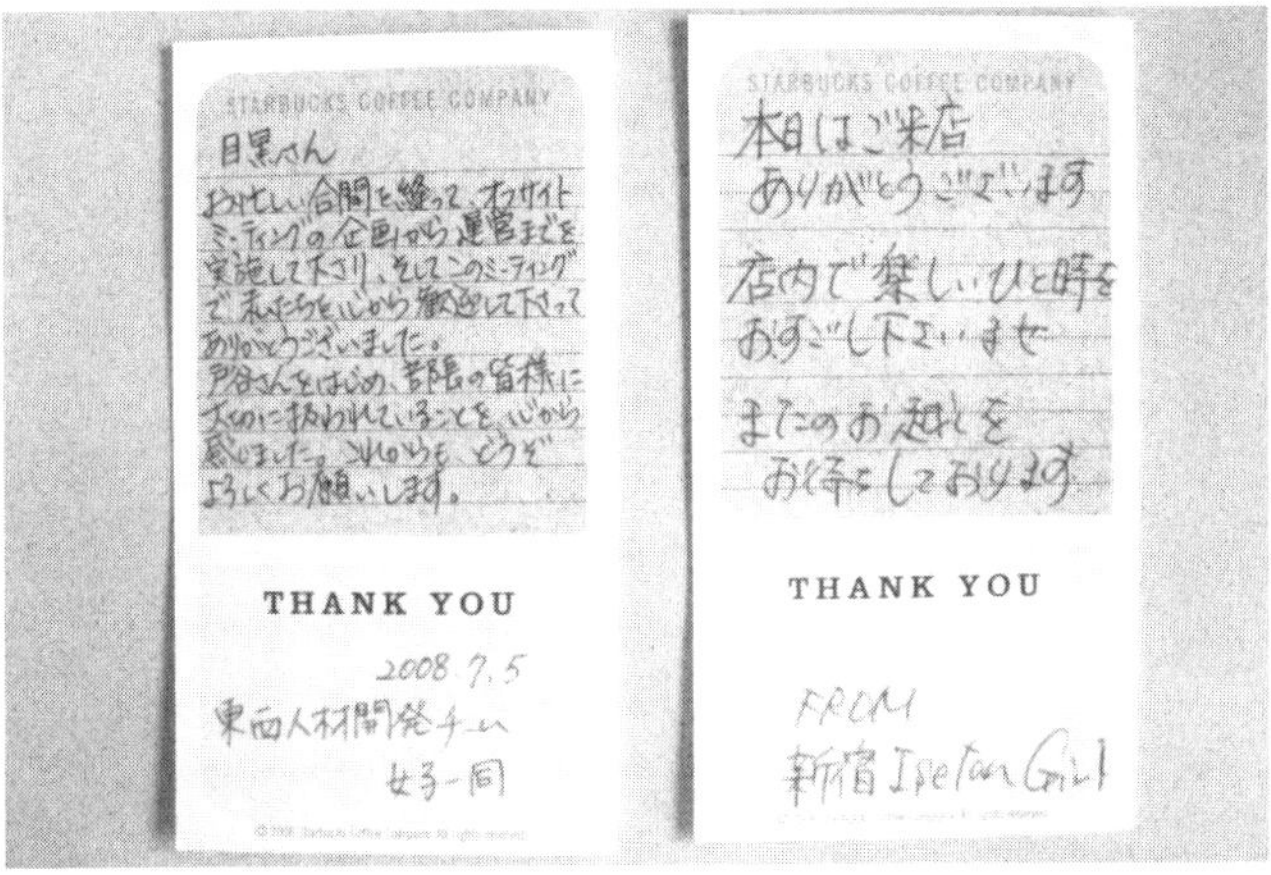

手書きのメッセージが添えられたGABカード（裏面）

GABカードは、行動指針のキーワードとイラストが表に印刷してあり、裏にメッセージを書き込めるようになっています。大きさは名刺大。お店にはこの5種類のカードが常備してあり、パートナーは好きなだけそのカードを使っていいことになっています。

たとえば、同じお店のパートナーが思いやりを持って接客していると思ったら、「思いやりを持つ」というカードの裏にメッセージを書いて相手に手渡すのです。

「今日の夕方、年配のお客様が来た時のAさんの対応はすごくよくて、とてもいい会話をされていましたね。お客様も喜んでいました。見習うことができたし、自分も感動することができました。ありがとうございます。目黒より」という感じで書いて、日付を入れて相手に渡します。

スターバックスでは、社長から新人までみんな同じパートナーなので、時には学生アルバイトがストアマネージャーへカードを贈ることもあります。

「今日は、未熟な私をサポートしてくれてありがとうございます。次からは自信を持ってできそうです」というように。また、イベントなどで社長に会った時に、初対面で渡す人もいます。新人からベテランまで、みんなでメッセージをどんどん贈り合っているのです。

やはり、カードという目に見える形で贈り合うと絆が強まりますし、励みになります。言葉で「ありがとう」と言われるより、手書きで「ありがとう」と書いたカードをもらうと、心が込もっているのが伝わるのではないでしょうか。

メールでメッセージを送るのもいいですが、手書きのほうが、同じ文面でも喜びは大きいでしょう。字がうまかろうと下手だろうと関係ありません。そのメッセージを書くためにわざわざ机に向かってくれている姿を想像すると、自分のためにそこまでしてくれるのだと嬉《うれ》しくなります。

普通の企業なら、上司から褒められることはあっても、仲間や後輩から褒められる、感謝される経験はあまりないのではないでしょうか。感謝をしていても、その気持ちを文章にして伝えるのは少ないと思います。

数多くの自己啓発書を書いたデール・カーネギーの名著、『人を動かす』(山口博訳、創元社)の中に、「人を変える9原則」というのがあります。その第1原則は「まず褒める」、第6原則にも「わずかなことでも褒める」と、2回も出てきます。いかに褒めることが重要かを繰り返し説いているのです。

褒めることは、みなさんが考えている以上に大事な行動なのです。


さらに、カードをもらうことで自分のことを見ていてくれた、評価をしてくれたと感じます。

承認される喜びを感じたら、今度は承認する喜びを誰かに与えたくなる。そうして、同じ店舗で働くパートナーだけではなく、イベントの時や他のお店のパートナーと交流する時などに、どんどん渡すようになるのです。

そして、人を褒めたい、認めたいという視点で周りの人を観察していると、それまで見えていなかったいい面が見えるようになります。仕事でミスをしてばかりで、褒めるところがないと思っている相手でも、どこかにいいところはあります。それは、見る側が気づいていないだけなのです。

これが習慣化すると、観察力を養えるというメリットもあります。

パートナーは、ＧＡＢカードを書くための時間が特別に与えられているわけではありません。休憩時間やちょっと空いた時間に、一生懸命自分の気持ちを伝えるために書いているのです。

なかにはシールを貼ったり、イラストを描いたりするパートナーもいます。義務感ではなく、楽しんで書いているのがよくわかります。メッセージも一言二言ではなく、びっしり書く人が多いのです。

最初は照れも感じますが、みんなが普通にカードを贈り合っているのを見ると、誰もがその環境に染まっていきます。

なかには「そんなバカバカしいことやってられない」という感じで、斜に構えているパートナーもいるかもしれません。そういう人であっても、周りが強制してやらせることはありません。ＧＡＢカードはあくまでも自由参加なのです。

私も数百枚のＧＡＢカードをもらい、今でも大事にとってあります。読み返すたびに、そのカードをもらった時の情景がありありと浮かび、パワーを与えてくれます。

いい仕組みは現場から生まれる

かつて、小説家の川端康成《かわばたやすなり》は芥川賞選評でこう言いました。

「日本人はいったん感心したものを褒めるのにけちで渋く控えめで下手である」

日本人は、おおっぴらに褒めるのが苦手です。

女性同士は普段から、「その髪型、いいね」などと褒め合っていますが、男性同士ではほとんど褒めません。最近はコーチング（対話によって人材育成を行う手法）が広まってきたので、仕事で褒めるビジネスパーソンも増えてきましたが、それでもまだまだ根づいているとは言えないでしょう。

多くの上司は、部下を褒めたいと本当は思っているはずです。けれども、「どこもいいところがない」と頭を抱えたり、プライドが邪魔をしてうまく褒められなかったりするのではないでしょうか。

人を認めて褒めることを習慣化するには、ＧＡＢカードのような仕組みを活用するのが一番だと思います。いくら「部下のいいところを引き出そう」と肝に銘じたところで、しばらくは意識していても、すぐに元に戻ってしまうでしょう。

ＧＡＢカードは、導入してから軌道に乗るまで、ある程度時間がかかりました。

このカードはアメリカで作られましたが、「日本のお店で使ってください」と渡されたわけではありません。私の上司がシアトルに出張した時にもらってきて、「なんだろう、これ。どうやって使うんだろう」と思い調べてみると、「お客様に渡してもいい」とアメリカ本社の説明書きには書いてありました。

けれども、「豊富な知識を蓄える」「参加する」というカードをお客様に贈る様子を想像しても、ピンときません。

そこで、ストアマネージャーに渡すことにしました。ストアマネージャーが自分の店舗に持ち帰り、パートナーたちに渡してもらえばいいと考えたのです。評判は上々で、「このカード、もっとください」というリクエストもありました。

さらに、多くのパートナーから、「なぜ、こんないいものをストアマネージャーだけが使っているのか」「自分たちにも使わせてほしい」という要望が寄せられたのです。そこで急きょ、全パートナーに配布することにしました。

つまり、全員で認め合う習慣を作りたいと考えたのは、アメリカ本社でもなく、日本のサポートセンターでもなく、現場で働くパートナーたちなのです。

サポートセンターでは、どう使ったらいいのかを考えていませんでしたし、「こういうシステムはあったほうがいいのか？」という迷いもありました。それでも現場からの要望が大きくなったので、本格的に導入すると決めました。

そこで促進策として、小さなピンバッジを作りました。5種類のカードすべてがそろったら、ストアマネージャーから賞状と共にこのピンバッジが1つもらえるようにしたのです。

実は、最初のうちはピンバッジ欲しさにみんなで贈り合っていた節があります。GABカードは加速度的に活用されていきました。

そのうち、あるお店で、バックヤードにある差し込み式のポケットにパートナーの名前を書き、もらったカードを入れられるようにしたのです。GABカードは1対1で贈り合うので、他の人には動きがわかりません。ポケットに入れて管理すると、誰がどれぐらいもらっているのか一目瞭然になります。つまり、見える化を図ったのです。

コミュニケーションがうまい人のもとには、たくさんのGABカードが集まりますし、そうでない人のところは少ないのが目に見えてわかります。それを見て、「自分ももっと頑張ってコミュニケーションを取ろう」とモチベーションが上がります。

さらに、それまで参加していなかった人も、「オレも誰かに贈ろうかな」という気持ちになり、自然と輪が広がっていったのです。

そうやってGABカードが広まっていくと、今度は「GABカードをもらった人より、贈った人のほうが素晴らしいんじゃないか」という意見が出てきました。褒められた人より、周りのパートナーの行動をきちんと見ていて、承認してあげる人のほうが褒められるべきではないか、と。

そこで、お店の中で一番GABカードを贈った人を賞賛しよう、という動きも出てきました。

サポートセンターがあれこれ指導しなくても、現場の店舗主導で浸透していったのです。

その後ピンバッジはなくなったのですが、GABカードを贈り合う習慣は残りました。目先の「モノ」をもらえるというインセンティブ（報奨）よりも、「気持ちを伝える」「賞賛する」という本質的なモチベーションの方が大切であることに気づいた証しでもあると思います。

ちなみに、同じようなカードを導入している企業は他にもあります。

たとえば、中外製薬工業では「サンキューカード」を全社展開しています。社内調査で社内のコミュニケーションに問題があり、従業員満足度が低いことが明らかになったため導入したのだそうです。

サンキューカードは、たとえどんなに小さなことであっても、相手の行動に感謝の気持ちを持ったなら、その思いを書いて相手に渡すシステムです。サンキューカードを贈ると、渡した側も受け取った側もポイントが1点加算されます。その点数がたまると、お菓子と交換できることになっています。

このシステムを導入してから社員同士のコミュニケーションが改善されたようなので、やはり一定の効果はあるのでしょう。

もちろん、「お菓子が欲しいから」という理由や、強制的にやらされるようでは、意味はありません。こういったシステムはあくまでも習慣にするためのきっかけ作りであり、「認め合う喜び」にさえ気づけば、カードがなくてもチーム内のコミュニケーションはうまく機能していくことでしょう。

ベストプラクティスはどんどん共有しよう

どの企業でも、成功体験をいかに共有するかは大きなテーマの1つでしょう。

たとえば、ナンバーワン営業マンのノウハウを他の営業マンも共有すれば、契約をまったく取れない人でも結果を出せるかもしれません。

チームワークでも成功体験を共有するのは大事で、すべてのメンバーにとっていいモチベーションになります。もちろん、失敗からも学べる要素は多いでしょう。個人の体験を全員で共有するのが、強いチームを作る秘訣《ひけつ》でもあります。

スターバックスでは、成功体験を**ベストプラクティス**と呼んでいます。

ベストプラクティスは、直訳すれば「最高の経験、最高のやり方」といったところでしょうか。つまり、「こんないい事例があった」「こんなふうに工夫したら売り上げがアップした」という例を、パートナー同士で共有できる仕組みを作っているのです。

各店舗には、マネジメント用のノート、パートナー用のノートがあり、情報交換ができるようになっています。そのノートによかったことや悪かったことを書き込んでいくのです。一種の業務日報のようなものです。

シフトで仕事をしていると、直接意見交換をできるタイミングが限られてしまいます。全員がそろってミーティングをするのは難しいし、できたとしても頻繁に行うことはできません。

そこで、その日のシフトが終わった時に、「今日は、こんないいことがあった」「こんなふうにお勧めしたら、たくさん売れた」というベストプラクティスや、「こんなことで失敗しやすいから、気をつけて」といったアドバイスなどを含めて、次のパートナーに引き継ぎ事項を書いて明文化するようにしたのです。

こうすることで、みんなで情報をシェアするようになり、他のパートナーの成功を自分の行動に即取り入れることができます。

同時に、パートナー同士の連帯感を高められるというメリットもあります。

いいことはどんどん広めていくのがスタバ流です。

ベストプラクティスは、自分のお店だけで共有するのはもったいないでしょう。他の店舗ではもっといいアイデアを持っているかもしれないし、自分たちのアイデアをもっと発信したいと思うこともあります。

そういう横の連携のために、ディストリクトマネージャー（地区責任者）が各店舗のストアマネージャーを集めて、1カ月に1度、定期的なミーティングを行います。ミーティングでは、前月の目標に対しての結果や今月の目標の確認を行う他、目標を達成するにあたって、どのようなやり方をしていったらいいのかという方向性を確認し、必要な情報のやりとりも行われます。

ディストリクトマネージャーは、日頃自分が担当しているお店を回って、さまざまな情報を得ています。

そこで、「この間、○○さんのお店で、こんなことがあったよね。あの時のパートナーの対応は素晴らしかった」とミーティングで事例を挙げるのです。

「この間のキャンペーンの時、××さんのお店のポップがよかったね。お客様にも好評だった」という具合に、お店の取り組みを紹介する時もあります。

ベストプラクティスを共有すれば、他のお店でも試してみようという動きになります。それがいい習慣として全パートナーに根づくかもしれません。マニュアルを作らなくても、そうやって理想的な行動を習慣化することはできるのです。

また、ディストリクトマネージャーを統括する、さらに上位のリージョナルディレクター（エリア統括）もいて、彼らが全国のディストリクトマネージャーを集めて行うミーティングも年に4回開かれています。

このミーティングでは、新製品のプロモーションについて説明し、理解を深めてもらう他、各ディストリクトマネージャーから報告されたベストプラクティスを共有するという目的もあります。

このようにスターバックスでは、店舗での日々のノート連絡、地区内の店舗でのミーティング、さらに広範の地域での店舗での会議と、下から上へ情報が流れるようになっています。成功体験の共有もトップダウン方式ではなく、あくまでもボトムアップ、つまり現場からの声を大切にしているのです。

チームの士気を上げるには、失敗体験から学ぶ以上に、ベストプラクティスを共有するほうが効果はあるのではないでしょうか。

「自分でもやってみよう」「自分でもできた」という体験が集まったほうが、モチベーションはアップします。

何より、みんなで成功を喜び合うようなチームになれば、結束力が強まるのは言うまでもありません。みなさんも、会議や朝礼などで、ベストプラクティスを共有する時間を設けてみてはいかがでしょうか。

チームで頑張れる目標を設定する

マニュアルがなく、自由な雰囲気のスターバックスにも、実は売り上げ目標というものはあります。各店舗で毎月目標を立て、達成できたかどうかを確認し、売り上げが伸びない時は何が原因なのか、どうすれば改善できるかを話し合います。

スターバックスはテレビＣＭを打ちませんし、値下げもしないので、各店舗のサービスが何よりも大切です。

チームが成果を出すためには、まずは１人１人が目標を理解するところから始める必要があります。

一般的には「今月は５００万円の売り上げアップ」など目標を課されると、社員は血眼になって営業をかけるイメージがあります。けれど、スターバックスではパートナーが無理に商品を勧めたりはしません。

なぜでしょうか？

売り上げ重視になると、サードプレイスを提供できないからです。

ですから、お客様に勧める時「コーヒーと一緒に○○はいかがですか？」と軽く声をかけることはありますが、それほど強く勧めません。強く勧められると断りにくくなりますし、お客様に不快感を与えてしまうからです。

ノルマを課して、達成した人にボーナスなどのご褒美を与えることにしたらどうなるでしょうか。パートナーは強引に売り込むようになり、お客様は大迷惑し、それがお店のイメージダウンにつながります。結果的にお客様は離れていき、お店の売り上げは落ちてしまうでしょう。

「自分のために頑張る」目標ではなく、チームで頑張れるような目標の立て方と管理をしなければならないのです。


スターバックスでは、キャンペーンの時などにバックヤードに売り上げのグラフを貼るお店もあります。

それは、個人の売り上げを競うためのものではありません。みんなが一生懸命頑張っていても、どのくらい達成できているのか成果が見えないと、モチベーションを保ちづらくなるので、グラフにするのです。

目標の数値に足りなければ、「みんなで頑張ろう」「私は、今週あと20杯売ってチームに貢献しよう」とチームでの成果を意識できるようになります。

とはいえ、目標は重荷になってはいけません。もし重荷になれば、それはお店の雰囲気となってお客様に伝わります。

みんなが一致団結して、このプレッシャーを楽しめるようになるのが理想です。ゲーム感覚で目標を達成する楽しさを体感したら、自然と目標を意識して働くようになるでしょう。

そのためのツールとして、季節ものの商品を販促する時などは、「プロモーションガイド」と呼ばれる小冊子を作っています。その小冊子には、商品の説明だけでなく、開発者の思いなども書かれています。

スターバックスには、お勧めのコーヒーをより楽しんでもらうために、そのコーヒーに合ったフードを紹介する「フードペアリング」という考え方があります。お勧めのコーヒーがフルーティーで爽やかな香りのするものであれば、それに合ったフードを開発します。こだわりの素材を探し回ったり、食感がよくなるような工夫を凝らしたりといった開発プロセスの中で、開発者が苦労した点や完成した時の気持ちなどを載せているのです。

売り手のパートナーは、単に商品情報だけではなく、こうした開発者の思いに「共感」して、お客様に提供したいと感じるのです。自分がいいものをお客様に勧めたいと思うなら、「ただ売れればいい」という心の込もらない接客にはなりません。

こういった商品情報を、いかに全員で共有していくのかも大切です。

そのためにミーティングをするのは基本です。パートナーはプロモーションガイドを読んで知識を吸収したり、必要なことは自らメモを取るなどして努力しています。

さらに、プロモーションガイドをもとに、ストアマネージャーを含むマネジメントチームがポイントをまとめて、紙を貼り出すお店もあります。パートナー全員が、いつでも目に触れられるようにするための工夫です。

このように、パートナーができるだけ同じように理解し、同じ方向を向いて販促活動をするのが重要です。そうすれば、「みんなで一緒に売ろう」というモチベーションが高められるのです。

これは、どの企業でもどのチームでも同じでしょう。

目標はただ立てるだけではなく、徹底的に共有しなければなりません。みんなで認識しておかないと、ただ売ればいいという話になってしまいます。

ノルマを課さなくても、チームで目標を達成する方法はあります。ノルマを課さないと目標を達成できないのなら、それはメンバーの能力に問題があるのではなく、チームの運営の仕方に問題があるのだと思います。

強制するか、自発性に任せるか、どちらが理想的なチームでしょうか。アメでもなくムチでもなく、やりがいをチームに提供するのが優れたマネジメントだと思います。

対立の解決は個別のフィードバックで

チーム内の対立はどうしても起こります。

基本的にはパートナー同士の仲がいいスターバックスでも、時折意見がぶつかることもありますし、人間なので相性のよし悪《あ》しも関係します。

こういう時、フィードバックが役に立ちます。

私は対立が起きた場合、双方の意見を聞くようにしていました。

「Aさんから聞いたけど、『あんた、上から目線で偉そう』って言ったんだって？　Aさんは傷ついたって言ってるんだけど、どう思うかな」

「それは、先にAさんが私に『うるさい、黙れ』って言ったから、言っただけです。私だって傷つきました」

「なんでAさんはそんなことを言ったんだろうね。それのもとになったものは何なんだろうね」

「それは……私がバーにいる時に、他のパートナーとおしゃべりしていたからかもしれないけど」

「そうなんだ。Aさんは Bさんの勤務態度に問題があるから、注意したってことなのかな。Aさんの言い方にも問題はあったかもしれないけど。どうしたらいいと思う？」

このような感じでそれぞれの意見を丁寧に聞いて、事実を拾い出していくと、たいていは「自分にも問題はあった」と思い至ります。

2人から同時に話を聞こうとすると、「あなたがこう言ったのが悪いんでしょ」と互いに責め合うかもしれないので、時間はかかっても個別に話を聞くほうがいいでしょう。そのうえで、一度2人で話し合わせるか、個別に対応したほうがいいのかを考えます。

この時、仲介役が「それは君のほうが悪いんじゃない？」などと、どちらが正しくて、どちらが間違っているのかを裁くのは厳禁です。それをすると、問題ありだと判断された側は納得できず、ケンカの相手にも仲介役にも恨みを抱く恐れがあります。

仲介役は聞き役に徹し、双方から話を引き出すのが大事なのです。

こういう時に立ち返るところが、ミッションだと私は思います。

2人で話し合ってもらった時に、再び感情的になって意見がぶつかりそうになっても、

「お客様に感動経験を与えるのがスタバのミッションだよね。今の2人の状況でそれが実現できると思う？」

と投げかけるのです。

「……できません」

「じゃあ、できるようにするには、どうすればいいのかな」

このように自分たちで行動を振り返り、自分たちで解決策を考えてもらうのです。

さらに、トラブルが起きた状況を1つずつ確かめながら、「ここでミスコミュニケーションが起きているよね」と原因を探るのも大事な作業です。相手を責めるのではなく、責任を追及するのでもなく、あくまでも原因を見つけるのが目的なので、こういった作業は慎重に進めなくてはなりません。

このようなプロセスを経ると、たいていの問題は解決の方向に進んでいきます。

ただ、なかには修復できずに「Aさんと一生仲たがいしたままでいいのか？」と問いかけると、「いいです。もう二度と顔を見たくないです」ときっぱり答える人もいます。

そういう場合は、チームのメンバーを変更することも考えなくてはなりません。個人の考え方を強制することはできませんが、仕事に影響が生じるような考え方や関係性は、正す必要があると思います。その人の人格ではなく原因となる行動を見極めて、気づいてもらうことが大切だと思います。

チームをまとめるリーダーにとっては、厄介事はなるべく早く解決したいと、つい性急に結論を出そうとしがちですが、トラブルが起きた時ほど、時間をかけて事実を確認しながら対処すべきです。

こういうトラブルはチームではつきものですが、乗り越えられたら、チームの結束は強まります。雨降って地固まるのか、雨降って土砂崩れが起きるのかは、やはりリーダーの動き方次第だと思います。

仲よしチームにしないための3つのポイント

結成以来、25年以上もの長きにわたって活躍し続けているアイドルグループ、SMAP（スマップ）。

名実共に着実に成長を続け、絶妙なチームワークを発揮してきました。しかし、プライベートではほとんど付き合いもなく、連絡先すら知らないそうです。

SMAPに限らず、仕事上で最高のチームワークを発揮していても、プライベートではさほど親しくないという話は決して珍しくありません。

つまり、仕事上でチームワークを発揮するには、仲よしチームである必要はないのです。

チームワークがよければ仕事の効率も上がりますし、働くモチベーションも高まります。

スターバックスではお店ごとにミーティングをよく開きますし、元々スタバが好きという共通点もあるので、パートナーたちの仲がいいお店が大半です。仕事が終わってからもみんなで食事に行ったり、休日に一緒に遊んだりしているパートナーもいます。

チームのメンバーの仲がいいのは喜ばしいことです。

けれども、一歩間違えると、単なる仲よしチームになってしまいがちです。仲よしチームになると、お互いに抑止力がなくなり、「何でもあり」の環境になる恐れもあります。

誰かが問題行動をしていても、見て見ぬふりをしてフィードバックできなくなると、店は一気に乱れていきます。仲がよくても、仲よしチームにしてはいけないのです。

仲よしチームは、自分本位で、自分たちが楽しめればいいと考えているようなチームです。

学生時代のサークル活動がよい例でしょう。

学生同士、1人1人が楽しくやれればいいので、たとえば毎回遅刻するメンバーがいても誰も本気で注意しません。本当は参加したくない集まりでも、周りが乗り気なので何となく参加する人もいるでしょう。

主体的に動くのではなく、周りに流されているだけ。それが仲よしチームの特徴です。

スターバックスで働くパートナーが仲よしチームにならないのは、共通認識としてのルールがあるからです。私は、それには3つのポイントがあると思います。

① 明確な目標がある

ビジネスである以上明確な目標があり、その目標に対して、達成度という形で結果が求められます。

ノルマはなくてもお店に売り上げ目標はありますし、人事考課の時は「次の時までにこの仕事ができるようになろう」と個別の目標をストアマネージャーと一緒に考えます。お店に立つからには、学生であってもプロのバリスタでなくてはなりません。そのためにも、常に目標を掲げるよう求めているのです。

同時に、約束を守るのも目標の1つです。

学生であっても、勤務シフトや決められたドレスコード（服装）を守っていなければ、「しょうがないなあ」では済まされません。行動是正のフィードバックによって、パートナーとして期待されていることや職責を再確認して、行動に移してもらいます。

② 1人1人の役割が決まっている

スターバックスでは、トレーニー、バリスタ、シフトスーパーバイザー（時間帯責任者）など、それぞれの役割ごとにやるべきことが明確に決められています。その与えられた役割を果たしているか、その行動と結果を、ストアマネージャーなどから日々フィードバックされています。

「時給をもらえればいいや」とダラダラ働くような人は、幸い私はスターバックスでは出会ったことはありません。ストアマネージャーが見ていないところでも、自分がやるべきことを果たす人ばかりでした。

それはやはり、ミッションを実現しようとするチームの一員であるという自覚と、協働における連帯感があるからだと確信しています。

③　お客様のために働いているという意識が高い

スターバックスの仕事は、お客様がいてこそ成り立つものです。

ですから、お客様のために何ができるかを考えることが最大の使命とも言えます。

自分たちのためにコーヒーを淹《い》れるのではなく、お客様に感動経験を提供するために淹れるのだと繰り返しミッションを説くことで、自分本位の考え方から抜け出せます。

また、自分はよくやっているという内側からの評価ではなく、お客様がどう感じたかという外側からの評価を重視することで、判断の視点も変わってきます。

問題があるところは認め、どう改善すればいいのかをみんなで話し合えるようになれば、一体感のあるチームになります。いいところも悪いところも共有し、みんなで乗り越えていけるようになれば、最強のチームになるでしょう。

Chapter 4

スタバで実践したモチベーションアップ

なぜ学生でも誇りを持って働けるのか

モチベーションとは、「動機づけ」「意欲」という意味の言葉です。仕事に対する意欲は個人の内面の問題であり、それを外側から向上させることは簡単ではないかもしれません。

しかし、スターバックスの仕組みや考え方には、パートナーのモチベーションを上げるヒントがたくさんあると思います。

2013年、アルバイトが悪ふざけをした画像をツイッターに投稿し、炎上する事件が相次ぎました。

冷蔵庫に入ったり、洗浄機に足を突っ込んだり、ピザ生地を顔に張りつけたり。昔から若者はふざけた行動で大人から大目玉を食らうのが定番でしたが、ネットで情報が拡散され、批判が集中しました。なかには閉店に追い込まれる店も出て、アルバイトに損害賠償を請求する話も出るなど、冗談では済まされない大問題へと発展したのです。

スターバックスにも学生アルバイトは大勢いますし、とんがっているタイプもなかにはいますが、こういった事件が起きたことは、少なくとも私は聞いたことがありません。

なぜスターバックスでは、悪ふざけのような行為が起きにくいのか。それは、パートナー1人1人が「誇り」を持って働いているからだと思います。自分がスターバックスの**ブランド**を作っている一員なのだと自覚しているのです。

では、ブランドとはそもそも何でしょうか。

ブランドとは、お客様に対する「約束」です。

たとえば、ブランド品と呼ばれる高価なバッグには、厳選された素材やデザイン、専属契約を結んだ縫製技術など、お客様との約束を裏切らないだけの卓越したクオリティが保証されています。だから、高価な値段で提供できるうえ、お客様も買い求めるのです。

スターバックスも、同じような業態のお店の中では、値段は決して低くありません。しかも、コーヒーをただ売るのではなく、お客様に喜んでいただくことを看板にしているようなものです。

スターバックスというブランドがお客様に約束しているポイントは、3つあります。

① お客様においしいと言っていただける、商品のクオリティ

② お客様にとっての居心地のいい空間、サードプレイス

③ パートナーの存在、お客様の心を潤すサービス

この3つがそろって、スターバックスというブランドは初めてお客様に信頼していただけるのでしょう。どれか1つでも抜け落ちると、ブランドは崩壊していきます。

パートナーの1人がスターバックスの考えから逸脱した言動をすれば、その店舗だけでなくスターバックス全体の信頼は簡単に崩れていくでしょう。それがわかっているから、「ちょっとふざけちゃおう」とタガが外れることはないのかもしれません。

つまり、学生でも大人としての行動を取っているのです。子供は目の前の楽しいことに流されてしまいますが、大人はそこで理性が働き、「周りの人に迷惑をかけるかも」とブレーキをかけられます。

スターバックスで働くパートナーは、ここは自分のお店だという意識と自覚を持っているのでしょう。スターバックスでの仕事が「単なるバイト」ではなく「プロの仕事」であると、自覚しているのだと思います。スターバックスのミッション（使命）は、お客様に感動経験を与えることだと常日頃説いているので、自分さえよければそれでいいという空気がないのです。

もちろん、周りのパートナーも「学生だから」という態度で接することはありません。

バイトを雇う企業のなかには、学生アルバイトを「バイト君」と呼んでいるところもあると聞きます。そのように周りが軽んじていたら、「仕事に誇りを持て」と説いても相手はピンとこないでしょう。

また、実力を身につけていけば、たとえ学生であっても、シフトスーパーバイザー（時間帯責任者）を任せることもできます。責任のある仕事に就けば、自然と学生気分は抜けていくでしょう。社会人になる前に、すでに社会人としての意識を身につけているのです。

社会貢献も、誇りを持たせるための手段の1つです。社会貢献と聞くと、きれいごとのようにとらえる人もいるかもしれませんが、世の中の役に立っているという喜びは、誇りに直結します。

スターバックスでは、社会に貢献しようと多くの取り組みを行っています。

たとえば、お店のある地域を掃除するクリーンアップ活動は、あちこちの店舗で活発に行われています。パートナーだけではなく、近くの住人にも呼びかけて、ちょっとしたイベントとしてやっているお店もあるようです。掃除が終わったらパートナーたちがコーヒーを配り、近隣の人と交流を図るのです。

こういう活動は多くの企業でやっていますが、街がきれいになるのは単純に気持ちいいですし、身近な社会参加にもなります。

また、スターバックスは国際的ボランティア団体「メイク・ア・ウィッシュ・オブ・ジャパン（ＭＡＷＪ）」と一緒に、さまざまな取り組みをしています。ＭＡＷＪは難病とたたかう子供たちの夢をかなえるお手伝いをしている団体です。

クリスマスの時期には、ＭＡＷＪと一緒に「プレイサンタ・プロジェクト」と題して、子供たちにプレゼントを贈る取り組みが長い間続けられています。パートナーたちが絵本やぬいぐるみ、文房具などのプレゼントを選び、手書きのカードを添えて贈るのです。

こういった社会貢献を通して、学生アルバイトでも自分も社会の一員だという誇り高い意識が芽生えるのです。

1つ上の仕事が、一番の学びの場

２０１４年４月から、スターバックスコーヒージャパンは約８００人いる契約社員のほぼすべてを正社員として採用しました。この話題は、テレビやネットでも取り上げられたので、ご存じの方も多いでしょう。

これは出店拡大への準備として、即戦力でストアマネージャー（店長）になれる契約社員を取り込むという狙いもあるようですが、契約社員のモチベーションアップを図ってサービスの質を上げるのが大きな目的のようです。これによって、スターバックスの正社員数は１８００人から２６００人に増えたと言われています。

元々スターバックスは、アルバイトから正社員への道が開かれていました。

スターバックスでは、入社して80時間の研修を受けている期間は「トレーニー」と呼ばれ、バリスタ（コーヒーを作る役割）への昇格を目指します。

バリスタはショート、トール、グランデ、ベンティの４段階の育成レベルに分かれています。なお、この呼び方はスターバックスのドリンクの大きさにならっています。ステップアップするごとに時給は高くなっていくというシステムです。

バリスタとして経験を積んだ後は、シフト管理、資材の発注やお金の管理などを任されるシフトスーパーバイザーになる道が開かれています。これも3つのステップに分かれ、時給はアップしていきます。

その後が、ストアマネージャーを補佐するアシスタントマネージャーです。以前は、アシスタントマネージャーにステップアップすると、契約社員になれました。

そして、ここで一定の経験を積めば、正社員登用試験を受けることができたのです。

もちろん簡単な道のりではありませんが、これまでもアルバイトから正社員になり、サポートセンター（本社）で部長職を務めた人もいます。スターバックスは実力主義であり、頑張って成果を出せば認めてくれる組織なのです。

このようなチャレンジができる企業体質は、パートナーのモチベーションを大いにアップさせます。

最初は「スタバが好きだから」「コーヒーに興味があるから」という理由で入ったパートナーも、ステップアップしていくうちに、もっと上を目指したいと向上心がわいてくるのです。


では、そのステップアップで得られる、一番大きなものは何でしょうか。

もちろん、給料は上がります。地域によって異なるものの、トレーニーからストアマネージャーになる一歩手前までの時給は５００円以上アップします。

しかし、お金以上に得られる大きなものがあります。それは「成長」です。

１つステップアップするごとに、求められるスキルは変わっていきます。

たとえば、バリスタ・ショートではレジやバーでドリンクを提供するスキルの他、フロアでお客様が帰った後にテーブルを拭いたり食器を片づけたり、食品衛生や危機管理の知識やスキルなどを求められます。最初のステップの仕事量として、かなり多いでしょう。

トレーニーからバリスタ・ショートになったばかりのころはまだ経験が少ないので、最初は誰でも仕事を覚えられず、失敗も数えきれないほどします。なかなか次のバリスタ・トールにステップアップできないパートナーもいます。なかには脱落してしまう人も少なくありません。

それでも、すべての仕事ができるようになった時の喜びは、苦労した分、得難いものです。そして、次のステップに進めたら、さらに高度な仕事を求められます。その繰り返しで、絶えず成長を続けられるのです。


私はディストリクトマネージャー（地区責任者）だったころ、ストアマネージャーを認定するのも仕事の1つでした。

その時の私の方針は、「1つ上の仕事が、一番の学びの場」でした。ですから、少し不安のあるアシスタントマネージャーであっても、「ストアマネージャーで頑張ってね」と送り出していました。

もちろん、本人は人一倍の苦労をします。

1つポジションが変わるだけで、責任の重さは大きく変わります。お店の売り上げ目標を立てたり、パートナーの指導をするなどのマネジメントをしなければなりませんし、お店でトラブルが起きた時はストアマネージャーが判断し、対応しなければなりません。しかし、それまでとは視点が変わり、多くの新たな気づきを得られるのです。

そういう成長した自分に出会えるのが、モチベーションアップにつながるでしょう。

成長には2種類あります。

1つは、スキルや能力を身につけること。

もう1つは、人格や人間性を高めること。

日本は地位や職種、所属する団体で人を判断する傾向があります。

たとえば「社長だから偉い」という考え方はよくありますが、人間的にはそれほど素晴らしさを感じられない社長も残念ながらなかにはいることは、みなさんも日頃実感しているはずです。

本当は、人間性や人格を向上させるために、人は生きているのだと思います。それは医師でも弁護士でも、農業や漁業でも、あらゆる仕事で磨くことはできます。

人はお金だけに生きがいを感じるわけではありません。確かに給料が上がると嬉《うれ》しいでしょうが、それは一時的な喜びです。

モチベーションを保ち続けるには、成長を実感できるような場を用意するのが一番なのです。

人に教えて自分も成長しよう

今までの章でお話ししてきた研修のファシリテーター（講師）は、実はチャレンジ制です。サポートセンターで指名して決まるわけではありません。

ですので、学生でもファシリテーターになることは可能です。自主性を重んじるスターバックスならではのシステムだと、私は思っていました。

ファシリテーターになりたい人は多く、人気がありました。それだけ最初の研修で感銘を受ける人が多いのでしょう。スターバックスで働き、フィードバックし合ううちに、教える楽しさに気づく人もいるのかもしれません。

ただし、ファシリテーターになるには試験も受けなければなりません。

最初のパネルインタビュー（面接）で「お客様にタンブラーを販売する時にどう説明す

ればいいのか、短時間で教えてください」といった課題を出して、実演してもらいます。合格した人にはファシリテーター育成プログラムを受けてもらい、スキルを磨いてもらいます。そして最終面談で合格し、正式にファシリテーターに認定されるのです。

私もこの研修に参加しました。

1日目はファシリテーターとは何か、どのようなことに注意して教えればいいのかという基本的なことを教わります。2日目と3日目は80時間の研修の中から、「あなたはスターバックス・エクスペリエンス（体験）のところを教えてみて」「ミッションのところをやってみて」と割り振られて、実演します。

そのクラスには、マスターファシリテーターと呼ばれるファシリテーターを育成する人がいて、実演を見てフィードバックをしてくれます。

何度か実演して、ＯＫをもらえたら、晴れてファシリテーターとしてデビューできます。けれども、1回でパスする人はほとんどいません。それでも、何度も研修を受けて再チャレンジしてファシリテーターを目指す人は大勢います。

ファシリテーターには研修を進行するためのガイドブックが用意されています。教える内容も、全体的な流れも決まっています。ただ、ガイドブックを棒読みしていたらまったく伝わりません。いかに自分の言葉として伝えるかが重要なのです。

また、研修は参加者と議論しながら進めていく方式なので、ガイドブックの内容を覚えておけばいいというものでもありません。想定外の質問が出ることもあるので、臨機応変に対応できなくてはならないのです。

こういった、人に教えるという体験こそ、人を成長させるのだとつくづく思います。「わかったつもり」でいる程度では、人には教えられません。本当に理解していないと人には教えられないので、自分自身が学び直すいい機会になります。

以前、テレビで截金師《きりかねし》の長谷《はせ》川《がわ》智《ち》彩《さい》さんを紹介していました。截金師とは、仏像や仏画に金箔《きんぱく》を施す職人です。長谷川さんは、弟子を持つことを条件に、師匠から独立を許されたといいます。

その理由は、弟子に見られることが成長につながるから。人に教えることでいつまでも緊張感を維持できますし、初心を忘れず、自分を成長させられるでしょう。

みなさんも、新入社員のメンターや、社内研修のファシリテーターになるチャンスがあるなら、ぜひチャレンジしてください。その体験は決してムダにはなりません。

スターバックスには熱意を持ったパートナーが大勢います。その熱意が行き過ぎると、1人で突っ走ってしまうなど、時に間違った方向に働いてしまう人も出てきます。

これは、ディストリクトマネージャーの任に就いていた、ある女性の話です。彼女は中途入社で、前の会社の考え方ややり方を引きずったまま、店舗に配属されました。とても優秀なのですが、高い理想を求めるあまり他人を思いやることを忘れ、「なぜ私が言うことをできないの？」とパートナーに詰め寄ってしまうところが彼女にはありました。

しばらくすると、少しずつ、彼女に対する不満の声が上がるようになりました。ディストリクトマネージャーは、担当地域のストアマネージャーをサポートするのが主な仕事です。ところが、彼女はストアマネージャーたちに時には高圧的な態度で、「私の指示通り動け」と言い渡していたようなのです。せっかくストアマネージャーとパートナーがいい雰囲気のお店を作っていても、彼女が来店すると緊張感が走り、モチベーションが下がるという報告が上がってくるようになりました。

結果的に、彼女は自ら退職の道を選びました。

彼女に態度を改める様子があればよかったのですが、自分のやり方が周りにどのような影響を与えているのか振り返ることをせず、周りが変わることを求めてしまったのです。

どんなに仕事の能力があっても、スターバックスのミッションを理解して自らが体現できないと、周囲との協働も難しくなります。


部下が働きやすい環境を作るのも、上司の役割です。

もちろん、部下に対して毅然《きぜん》とした態度を取るのは大事です。友達感覚で接すれば働きやすくなるわけではありません。

しかし、それと「厳しく接する」というのは別の話でしょう。そこを間違えて、部下に必要以上に厳しく接したり、部下に対する敬意をなくしてしまったりすると、パワハラと取られる行動につながっていくのです。

上司のなかには、部下に厳しい一方、自分の管理が甘くなる人も少なくありません。

部下には「時間に遅れるな」と叱っておきながら、自分は部下とのミーティングについ遅れてしまう。それを「まあいいじゃないか」と笑って済ませられるのは上司だけで、部下はそうは思っていません。

「言ってることと、やってることが違うじゃないか」と上司に不満を持ってしまうと、仕事に対する意欲は下がってしまいます。部下のモチベーションは、上司によって高くなったり低くなったりする場合がほとんどなのです。

上司が厳しく接すると、部下たちは怯《おび》えながら働くようになってしまいます。そうなると、ミスやトラブルを上司に隠す部下も出てくるでしょう。

不健全な上下関係は、風通しの悪い組織を生み出します。それが、組織のパワーを衰退させる原因になっていくのです。

部下は、上司の命令にすべてしたがう家来ではありません。そういう理不尽な主従関係を作らないために、スターバックスでは、働くすべての人を「パートナー」と統一して呼んでいます。

前述したコヴィーの『7つの習慣』によれば、相手との信頼残高を増やす方法として、「約束を守る」ことを挙げています。また、「信頼残高を引き出してしまった時は、誠意を持って謝ること」と述べています。

人の上に立つ立場になると、自分は何をしても許されると思い込んでしまうことも少なくありません。しかし、上司だからといって、部下への対応をぞんざいにせず、何か不手際があれば「すまなかった」と素直に謝罪する。こういった、敬意のある関係、対等に話し合える関係を持つことができれば、健全な職場、風通しのよい組織になるでしょう。

そんな環境であれば、部下は自然とモチベーションを保っていられます。

「自己評価＋リーダーの評価」で納得

スターバックスのパートナーの人事考課は、雇用形態に応じて年に1〜3回行われます。それぞれのポジションが求めるレベルを満たしているかどうかが、評価されます。

学生のアルバイトでも、新卒でも、あるいは中途採用の人間でも、分け隔てなく公平に適用されているのが、スターバックスの人事考課の最大の特徴でしょう。アルバイトのパートナーもストアマネージャーとの面接を通じて人事考課を行い、その結果が時給に反映されます。すべてのパートナーが同じ考課を受け、1つ1つステップアップしていくのが基本です。

この評価システムで使われる人事考課シート、つまり「評価表」は、評価する側だけではなく、それを受ける側にも渡されます。

評価表はポジションごとに細かく分けられており、求められる内容が明確に書かれています。評価される側は、何をしなければいけないのかがわかりますし、それができているかできていないかもわかります。

このように評価が透明化されていると、「自分の何をどう評価されているのかわからない」といった不満は上がりません。

評価表は「ハウスルール」と「ミッション」、そして「行動評価」の3つに分かれています。

ハウスルールという項目で求められるのは、働くうえでの基本です。「勤務スケジュールを守っているか」「シフトを必ず2週間前に出しているか」「休憩時間を守っているか」といった基本ができているかどうかを、○×で判断します。

ミッションの項目では、「ジャストセイイエスを理解し、実践しているか」「スタースキルを理解し、実践しているか」といったスターバックスのミッションやポリシーを守れているかどうかを評価します。これも○×です。

ハウスルールとミッションは、どの段階のパートナーでも同じ項目が評価されます。つまり、ここはスターバックスのパートナーとしての基本であり、ここができていなければ他の仕事ができていても評価されないのです。

そして行動評価は、パートナーとしての技術的な部分です。

バリスタ・ショートのころは、レジやバー、フロアでの振る舞いや食品衛生などが評価対象になり、ステップアップするごとに求められるスキルの数は増え、高度になります。

次のステップのバリスタ・トールでは、コーヒー豆を販売するための知識も必要になり、ピアコーチとしての人材育成も評価されます。少しでも先輩の立場になると、後輩を教える能力が求められるのです。

行動評価は、3段階で評価するようになっていて、まずはパートナーが自己評価を記入したシートをストアマネージャーに提出します。ストアマネージャーはパートナーの日頃の行動を振り返り、自分の目線で項目ごとに評価します。


この時に大事なのは、ストアマネージャーが相手の何ができていて、何ができていないのか、自己評価とマネージャー評価が異なっている項目とそのポイントなどを1つ1つ伝え、相手にきちんと納得してもらうことです。

自己評価と他者の評価には、たいていズレがあります。一方的に評価を下して、「今度は昇格ね」「今回はダメだよ」と伝えるだけでは相手は納得しません。できていないところがあれば、それがどこなのかを伝えないと、相手は改善につなげることはできないでしょう。

また、ストアマネージャーはできていると思っているけれど、本人はまだできていないと思っている時も同様です。

できていないところは、これからの課題となります。がむしゃらに働くのではなく、課題が明確になっていれば、本人も何を目標にすればいいのかがわかるので、ステップアップしやすくなります。これがモチベーションアップにつながるのです。

ブラックエプロンを目指せ

スターバックスのユニホームといえば、グリーンのエプロンを思い浮かべる方は多いでしょう。

その中に時々、黒いエプロンを着けたパートナーがいます。その**ブラックエプロン**は、バリスタの中で、コーヒーに関するより深い知識を持つ者のみに与えられます。

スターバックスには「コーヒーマスタープログラム」という研修があり、すべてのパートナーが受けてコーヒーの知識を高めます。さらに熱意あるバリスタは、社内試験を受け、合格するとブラックエプロンを着けることができるのです。

ブラックエプロンは、スターバックス全バリスタの中でも10％に満たない人数しか着けていません。まさに彼らは、「バリスタ中のバリスタ」と言える存在なのです。

さらに年1回、ブラックエプロンの中からナンバーワンを決める「アンバサダーカップ」を実施します。アンバサダーとは「大使」という意味。これはいわば、スターバックスの「バリスタ甲子園」のようなもので、各地域の予選を勝ち抜いたパートナーが全国大会で競い合います。

全国大会は、選ばれたパートナーの仲間たちが応援に駆けつけ、大変盛り上がります。なかには選ばれたパートナーの特訓に付き合う仲間もいるようで、単なる試験とは違う、店を挙げての一大イベントなのです。

決勝では「Smell（香り）」「Presentation（コーヒーの説明）」「Tasting（味わい）」を審査します。香りを嗅ぐだけでローストの深さや産地を言い当てるのですから、「すごい」のひと言です。

そして、総合得点の高いパートナーがファイナルステージに進みます。ファイナルステージは、スターバックスならでは。「カスタマーサービス」を競います。

舞台には店舗の内装が再現され、お店を訪れたお客様に、お客様のニーズに合ったコーヒー豆を勧めるロールプレイングが行われます。コーヒー豆の知識を求められるだけではなく、接客の仕方も審査の対象となるのです。

優勝したパートナーはアンバサダーとなり、スターバックスのバリスタの顔として、1年間サポートセンターで勤務することになっています。シアトルの本社での研修にも参加してもらい、コーヒーに対するスキルをより磨く機会を用意します。また、特定のコーヒーにぴったり合うフード開発に参加してもらい、高い知識とスキルを活かした活躍の場も提供しています。

晴れて優勝したパートナーは、涙ながらに受賞の言葉を語ったりするので、見ている側も胸が熱くなるイベントなのです。

実は、ブラックエプロンに選ばれることと、昇進とは別の道です。ブラックエプロンに選ばれればストアマネージャーになれるわけではありません。ストアマネージャーになるには、やはり1つずつステップアップしていかなければなりませんし、パネルインタビューも受けなければならないのです。

それでも熱心に取り組むのは、自分の知識やスキルを高める喜びがあるからでしょう。自分がどれだけのスキルを身につけたのか、普段の業務ではなかなかわかりませんが、大会のような場があると自覚できます。

努力して、それを認めてもらえるのはモチベーションアップのもっとも効果的な方法です。人には「認められたい」「褒められたい」という欲求が基本的に備わっています。そのハードルが高くなればなるほど、やりがいも高まるのです。

そして、ブラックエプロンに選ばれたバリスタは、各店舗で開かれるコーヒーセミナーで講師も務めます。コーヒーセミナーは、自宅でもおいしいコーヒーを飲みたいお客様のために、さまざまなコーヒーの淹《い》れ方や豆の知識などを教えるセミナーです。

お客様と触れ合いながら、自分の知識やスキルを提供すれば、人に教える喜びを感じるでしょう。

このように、スターバックスでは随所にモチベーションアップの仕組みが作られているのです。

多くの企業で、営業成績がいい人を表彰する制度はよくあるでしょう。

しかし、仕事の能力だけで優劣を決めると、たいてい同じ人が選ばれ、選ばれない人はモチベーションが下がってしまいます。

そこで、業績に直接結びつかなくても企業へ貢献している人を評価する企業もあります。

たとえば、社内でのエコ活動を推進した、地域の人が参加するイベントを企画したなどの働きを評価するのも、モチベーションアップにつながります。昇進や昇給には結びつかなくても、みんなの前で称賛されるという体験は何物にも代えがたい喜びになります。

岡本化成という装飾用テープや工業用のロープを製造販売する会社が愛媛県にあります。この会社では、毎月のテーマに沿った「ナンバーワン」を社内で表彰する制度があるそうです。一例として、営業が受注して売り上げに貢献した時、営業マンではなく、情報収集をしたり資料を作ったりしてその営業マンを支えた人たちを表彰するのです。

こういう制度があると、「これなら自分も頑張れるかもしれない」と誰もが思えますし、自分の能力を発揮できる場を探すでしょう。「アシスト賞」や「縁の下の力持ち賞」など日頃スポットが当たらない役割にも注目すれば、自分がいかに貢献しているのかを実感し、やりがいを感じられるようになります。

何らかの賞を設けるのは、思っている以上の効果があるものです。みなさんもぜひ試してみてはいかがでしょうか。

多様なマンパワーを活かす制度

これまでは、店舗でのモチベーションアップの取り組みをご紹介してきました。今度は、サポートセンターでのある取り組みについてお話しします。それは、社内の人材の流動化を促進するためのプログラムです。

元々、人材が必要な部署で即戦力となるパートナーを募集する「社内公募」という制度はありました。これは、多くの企業で実施されているものでしょう。ただ、社内公募はストアマネージャーを何年か経験した正社員が対象といった条件がありました。そのため、対象者が限られていたことに加え、ニーズが出た時でないと公募されないため、実施回数が少なく、1年で数えるほどのパートナーが異動する程度でした。

ストアマネージャーの経験がなくても、お店で働くパートナーはさまざまな経験やスキルを持っています。そのマンパワーを活かす手はないかと考えたのです。そこで、従来の公募を「社内採用」に名称を変え、求めるスキルを保有してさえいれば、誰でも応募できることにしました。

もう1つは、「内部チャレンジ」です。内部チャレンジとは簡単に言うと、お店で働くパートナーに、サポートセンターで期限つきで働いてもらうという企画です。サポートセンターでの勤務を通して業務の幅を広げ、店舗の課題や問題を解決するために取り組んでもらうことが目的でした。こちらは、正社員であることだけが応募の条件でした。

そして、この内部チャレンジ制度の運用推進が、私がスターバックスで最後に手がけた仕事になりました。

内部チャレンジは2年間サポートセンターで勤務してもらい、その後は店舗勤務に戻って、身につけたことを活かして仕事を続けるというシステムになりました。

10の部署にそれぞれ1人ずつ配置することになり、募集したところ、新卒生からストアマネージャー経験10年以上のベテランまでが集まりました。

部署の調整は、思っていた以上に大変でした。チャレンジ生が別々の部署を希望してくれればベストですが、人気の部署と、そうでない部署に分かれてしまったのです。

人気の部署はマーケティングと教育でした。お店での仕事と関わりの多い部署なので、働くイメージを持ちやすかったことが理由です。

そこで、10人のうち半分以上は、希望以外の部署に配属になりました。

この10人に、どんな2年間を過ごしてもらうか。その受け入れのプログラムを作成し、制度の目的を達成することが、私の担当でした。

彼らがそれぞれの部署でどのような仕事に取り組んでいくのか、プログラムを考えました。せっかくサポートセンターに配属になったのに、コピー取りや資料をそろえるといった簡単な作業だけで終わらせてしまうのは本末転倒です。専門的な仕事を1つでも身につけるレベルまではいきたいと考えていました。

そこで、各部署で教える担当のトレーナーを決めてもらいました。トレーナーは、チャレンジ生の育成担当であり、自分の仕事をしながら彼らに対して業務のステップやポイントを伝え、1人でできるようにすることが役割です。

私はまず、チャレンジ生を受け入れる前に、トレーナーの育成から始めました。受け入れの態勢を整えてからスタートしたかったからです。

1年間を4つに分けて大きな目標をチャレンジ生に立ててもらい、さらにそれを達成するために1カ月ごとに何をすればいいのかを、トレーナーは考えてあげてほしい。1週間ごとにフィードバックして、チャレンジ生の話を聞いてください、と教えました。

実は、受け入れる側の部署は賛否両論でした。

スターバックスのミッションを考えれば、どんなパートナーでも喜んで受け入れて育てようという意識になってほしいところですが、現実的にはそうもいきませんでした。2年間だけ配属されるパートナーに教えるのは時間のムダではないかという意見もありましたし、店舗ではベテランであるストアマネージャーが、専門分野をまた一から学べるのかという疑問も出ました。これまでのサポートセンターの各部門では、即戦力があるパートナーを受け入れてきたため、専門スキルを持っていない人の受け入れに対して不安視する声が多かったのです。

このように、受け入れる側がすべて賛成していない状況で、果たして内部チャレンジは機能したのでしょうか。

ゼロからの挑戦で自信をつける

内部チャレンジで経理部へ配属になったパートナーの寺島さん（仮名）は、経理の「ケ」の字も知らない女性でした。

寺島さんは、ストアマネージャーとしてはとても優秀な人でした。いつもパワフルで、お店のパートナーたちからも信頼され、マネジメント能力は抜群です。

寺島さんは経理に配属されると決まった時、大きな不安を抱いたようです。
「私、そういう専門的な知識はまったくありません。パソコンもほとんど使えないのに」
という声に人事メンバーは耳を傾け、「大丈夫だから、周りの人が教えてくれるから」と
励ましました。寺島さんは、「それならやります」と自らを奪い立たせてくれたのです。
しかし、受け入れる経理部にも不安が残っていました。
「そうでなくても人員が不足しているのに、プログラムを行う必要はあるのか」
そんな意見がすぐに私のところに届きました。確かにパソコンのノウハウから教えると
なると、教える側にとっては負担が大きいでしょう。
それでも、私は経理部をこう説得しました。
「今までは、自分たちでやりやすいように仕事をしていたかもしれない。でも、他の企業
では新しい人たちが毎年入ってくるのが普通です。そのたびに教えて育てているから、人
材が育っていくわけで。『人は必要だけど、育成はできない』なんて考えているのだとし
たら、それは大きな間違いではないでしょうか。育成の手法を考えることとそれを実行す
ることが、今は求められているんです」
そう言うと、自分たちの考え方を振り返り、納得してくれました。

私はチャレンジ生へのサポートもできる限りしたいと思い、各フロアにたびたび足を運んでいました。

経理部に顔を出すと、寺島さんはエクセルやパワーポイントの使い方をトレーナーからちょうど教えてもらっているところでした。

子供のころからパソコンを使っている若い世代には理解できないでしょうが、パソコンをほとんど使ってこなかった人が、30歳を超えてから覚えるのは相当な苦行です。寺島さんも必死で、「あれ？　これ、どうすればいいんだっけ？」とあちこちいじっています。隣で教えているトレーナーも辛抱強く接してくれていました。

こういう時、私はあえて明るく声をかけます。

「お、元気にやってる？　トレーナーはちゃんと教えてくれてる？」

「はい、でも私の覚えが悪くて、迷惑をかけてばかりで」

「そんなことないよ。すごく頑張ってるって、部長もこの間褒めてたよ」

そんなやりとりをトレーナーを含めた周りの人の前ですると、暗に「彼女は頑張ってるから、よろしく頼むね」という周りの人へのメッセージになるのです。

本来はストアマネージャーになっただけの熱意も能力もあるのですから、混乱するのは最初だけだろう、と私は考えていました。その期待通り、寺島さんは覚えるのは大変でも投げ出したりはしませんでした。周りもそんな寺島さんの様子を見ているうちに、「ちょっと教えてあげるよ」「わかんないことがあったら聞いて」と言ってくれるようになったのです。

やはり、スターバックスのパートナーたちは、困った人に手を貸すマインドを持っていました。最初は不安や反発があったものの、次第に理解し、協力する姿勢が強く表れてきました。

そして、半年で彼女はとても成長しました。最初のころは必死で取り組んでいたのに、パソコンもある程度使いこなせるようになり、自信がついたようです。顔つきが大きく変わっていました。

もちろん経理の全部がわかるはずはありません。しかし、「ここは自信を持ってできます」という経理の一分野を、彼女は持てたのです。おそらく、自分でもかなり勉強したのだろうと推測できます。

2年間を終えてお店に戻るころには、きっと一回りも二回りも成長したでしょう。内部チャレンジの2年間は、新人経理として一から教わる体験をしました。新人がどのようなことに不安を感じ、どう教えてあげれば不安を解消できるのか。それを身をもって体験したので、きっとお店でも今までとは違う人材育成ができるようになったと思います。

寺島さんは、1年が過ぎた頃、私にこう話してくれました。

「ほんとに大変でつらかったけれど、周りの人のサポートがあってここまで来られました。周りの人がいなかったら、ここまでやれなかったと思うんです」

そして彼女は「これからも経理の勉強をしたい」と、経理の学校に通い始めたのです。

そうやって、自分の興味を持てる分野を仕事を通して見つけられるのは、得難い体験でしょう。

キャリアを見つめ直す

内部チャレンジで法務部に配属された女性の山本さん（仮名）は、元々法務を希望していました。

山本さんは学生時代、法学部で法律の勉強をしており、こういう仕事をやってみたいとずっと思っていたそうです。そういう念願をかなえられたのはこちらとしても嬉しかったのですが、あまりにも元気があり過ぎていたので、ちょっと心配になってしまいました。

法務部は、出店する時や協力会社との契約など、あらゆる業務上の契約書を管理する部署です。業務でトラブルが起き、法的な解決が必要になった場合も法務部の出番になります。つまり、とても責任の大きな部署なのです。

採用を決めたものの、明るくてテンションの高い山本さんは法務部で浮いてしまうような気がしました。学校の勉強と企業の実務は大きく違います。現実を思い知らされた時にショックを受けるのではないか、と心配になったのです。

そこで、私は思わず山本さんに、「本当に大丈夫？　法務だぞ？」と聞いてしまいました。

「え〜、わかりません。でもやりたいです〜」

「いや、そうは言ってもさ。専門性も高いし、わかるの？」

「わからないから勉強させてもらうんですよ」

「……そうか」

謙虚でありながら前向きさが出ている姿を見て、今は不安でもやってみなければわからないし、とにかく走り出そうと、彼女の笑顔に背中を押されました。

私にとって嬉しかったのは、意外にも法務部のパートナーたちはこの制度に理解を示し、前向きだった点です。期待以上のプランを作ってきて、「このプロセスでやります」

「トレーナーはこの人がつきます」と、山本さんの育成プログラムをしっかり組んでくれました。

そして、早い段階からかなり重要な仕事を山本さんに任せていました。

「この分野を押印するの、私なんですよ」

「えっ、ほんとに!?」

サポート体制もしっかりしていましたし、法律の知識はあったので、山本さんは活き活きと働いていました。内部チャレンジの中では、本人のキャリアとうまく合致した事例です。

1年が経ち、山本さんと話し合いの場を設けた時、私は尋ねました。

「あと1年あるけど、それが終わった後はどうするの？」

すると、彼女は「お店に戻るつもりはないです」ときっぱり言いました。

山本さんは、法務の仕事に携わりたいという思いが強くなったのです。1回お店に戻ったとしても、その経験を活かして社内公募でまた法務に応募するか、もしできなければ諦めて、法務の仕事ができる会社に転職する、と話していました。

会社としては、せっかく教え育てたパートナーが他の企業に行ってしまうのは、損失になるのかもしれません。しかし、パートナーがこれからの自分のキャリアを見つめ直す機会にするのも、内部チャレンジの目的です。内部チャレンジをバネにして新たなステージに踏み出すきっかけになるのなら、目的を果たしたのではないかと思います。

今もおそらく、山本さんはサポートセンターで法務の仕事を続けているのではないでしょうか。推測になってしまうのは、私は内部チャレンジの結果を最後まで見届けられなかったからです。

私は、1期生がちょうど1年を終えた時に、スターバックスを辞めました。

辞めること自体に未練はなかったのですが、彼らのチャレンジを最後まで見守れないのは心残りでした。それを伝えた時は、「途中で放り出すなんてひどい」と非難されるかと覚悟していたのですが、彼らは驚いてはいたものの、素直に受け止めてくれました。

そして私が出勤する最後の日。

チャレンジ生に「お昼の時間、空けておいてください」と言われ会議室に行くと、そこには10人全員が笑顔でそろい、お弁当が並べられていました。

「今日はここで、みんなでご飯を食べましょう」

チャレンジ生は私にこう話してくれました。

「これからまだ1年間あるので不安はあります。でも、教えてもらったことを大事にして、僕たちが先駆者として内部チャレンジの仕組みを動かしていきます。そして、自分自身のキャリアについてもしっかり考えていきます」

そして、最後に1人1人が気持ちを込めて書いてくれたGABカードを手渡してくれたのです。私は涙が止まりませんでした。

プログラムとしては完遂できなかったものの、新たな視点でそれまでにない気づきや発見が多く生まれました。そして、チャレンジ生のキャリアにも、大きな一石を投じることになりました。何より私自身も成長させてもらい、最後にこのような仕事ができて本当に幸せだったと思います。

最近は、社内公募制度やFA（フリーエージェント）制度を設ける企業が増えてきたようです。異動ではポストの数が少ないので対応しきれず、意に沿わない異動で社員のモチベーションが下がることが少なくありません。

そこで、社員の不満を解消するために、社員が就きたい職種に自由に応募できるような制度を作っているのです。

私は、こういう制度を積極的に利用するほうがいいのではないかと思います。

気心の知れた仲間と慣れた仕事をするのは楽ですし、居心地がいいでしょう。しかし、そこに収まって安心しているようでは、仕事の幅が広がっていきません。

キャリアアップというと、とかく上向きのベクトルをイメージする人が多いと思います。すでに持っている専門性を高め、管理職を目指すことも決して悪いことではありませんが、キャリアの可能性は横にも広がりを持っているのです。

時には、今の仕事から勇気を持って飛び出し、新しい仕事にチャレンジする経験も必要ではないでしょうか。常に「自分を高めたい」という気持ちで今までやったことのない仕事にチャレンジし、自分に刺激を与え続けていれば、モチベーションが途切れることはありません。

Chapter 5

スタバで活きるリーダーシップ

傾聴してこそ真のリーダー

理想のリーダーと聞くと、みなさんはどのような人物像をイメージするでしょうか。

産業能率大学が、新入社員に理想の上司について毎年アンケートを取っています。2014年の男性1位は俳優の堺雅人《さかいまさと》さん。テレビドラマ『半沢直樹《はんざわなおき》』での、困難に立ち向かい、自分の信念を決して曲げない役柄が印象的だったからでしょう。

女性は、女優の天海《あまみ》祐希《ゆうき》さんが5年連続でトップでした。天海さんも、テレビドラマやCMでは男勝りで潔く、リーダー的な役が多いような気がします。

理想的なリーダーは、いつも先頭切って大声を張り上げながら、「目標までもう少しだ、頑張れ！」とぐいぐい人を引っ張るようなタイプだと、私も考えていました。

しかし、実際に自分がストアマネージャー（店長）という立場になると、そういうタイプを目指すのはちょっと違うと思い至りました。

ストアマネージャーに着任した最初のお店での出来事です。

エスプレッソを作ったり、ミルクをスチームしたりするバーに立って作業をしようとすると、パートナーから、「目黒さんはそこに立たなくていいです」と言われました。

「え、なんで？」

「いやあ、あの、いろいろ困りますし……ねえ？」

「あ、そお？　じゃ、お願いねっ」

このような会話が交わされた記憶があります。

それは、それぞれのパートナーが自信を持って仕事をしている証しでもあるので、私としてはむしろ誇りに思ったぐらいです。

もちろん、ストアマネージャーになるために、いくつもの段階を経なければなりません。それでも、すべてを完璧に行うのはムリでしょうし、私は入社して3カ月でストアマネージャーの任命を受けたため、実際できないことがかなりありました。実に頼りないリーダーだったのです。

ぐいぐい引っ張るタイプではなくても、周りから信頼されるリーダーは存在します。それぞれにふさわしいリーダーシップを取ればいいのではないかと、私は思います。

私は、みんなが話しかけやすい雰囲気を作るように心がけていました。よく冗談も言っていましたし、「オレ、こういうのは苦手なんだよな～」と弱みもさらけ出しました。だからパートナーも、「目黒さんはやらなくていいですよ」と気軽に言えたのでしょう。

相手を認めて、人の話を傾聴し、けれども注意すべき点はしっかり注意する。

そんな基本ができていれば、誰でもリーダーシップを取れるでしょう。逆に、そういう基本ができていない人がリーダーになり、ぐいぐい人を引っ張ろうとしたら、周りはついて行けないでしょう。

相手の悪いところを指摘するのは簡単ですし、誰でもできます。けれども、人の話をよく聞くのは考えているより難しいものです。話の途中で、「オレはこう思うんだけどさ」と自分の意見を述べ始める人は結構多いでしょう。これは傾聴にはなりません。

現在、あなたが周りの人と人間関係をうまく築けていないのなら、人の話を聞くところから始めてはいかがでしょうか。

女子サッカー日本代表、なでしこジャパンをワールドカップ優勝に導いた佐々木《ささき》則夫《のりお》監督は、選手を率いるにあたり、相手の話をじっくり聞くことを心がけたと言います。

そして、お互いの意見をきちんと重ねながら、伝えたいことは自分のすべてを動員してしっかり伝えたそうです。

「しっかり伝えた」ということは、相手がよくのみ込めていないようなら、繰り返し何度も話したのでしょう。相手が変わらないなら、変わるまで何度も諭したのではないかと思います。佐々木監督は、ミスコミュニケーションは話を聞く側に問題があるのではなく、伝える自分に問題があると考えているのではないでしょうか。

また、選手たちを成熟した人間、同じ目標を目指す仲間として尊敬し、平等に接するよう心がけたそうです。

佐々木監督の考え方は、スターバックスのミッション（使命）やスタースキルに通じるものがあります。

これらは決して特別な技術ではありません。人に対する、当たり前の心配りでしょう。そんなごく当たり前のことを疎《おろそ》かにしない人が、真のリーダーではないかと思います。

この章では、私が出会ったリーダーのエピソードや、自分自身の経験を振り返りながら、リーダーに求められる行動や資質について考えたいと思います。

ぐいぐい引っ張るだけがリーダーではない

私がスターバックスで人事を担当していた時の話です。

出店計画の変更により、それまでは新卒を１００人前後採用していたのですが、その年は50人に縮小することになったのです。

その時採用した新卒は東日本地区が大半を占め、西日本地区の採用は10人足らずでした。小野さん（仮名）は関西組の1人でした。

小野さんは他の新卒に比べるとおとなしく、あまり目立たないタイプの女性なので、採用を決めたものの、「大丈夫かな、この子。頑張ってくれるといいな」と心配していました。

スターバックスでは、入社してから3年前後でストアマネージャーになります。3年が過ぎて小野さんの関西の同期は8人になり、他の同期は次々とストアマネージャーになっていきました。ある日、小野さんからストアマネージャーに昇進したとの連絡が入りました。

私が「おめでとう、いよいよだね」と声をかけると、「ハイ、頑張ります！」と小野さんは嬉《うれ》しそうに答えていました。

それからなかなか会えずにいたのですが、数年後、何と小野さんは最優秀ストアマネージャーに選ばれたのです。全国のスターバックスでナンバーワンということです。私は「えっ、一体何が起きたんだろう!?」と心底驚きました。

小野さんと一緒に仕事をしたパートナーやディストリクトマネージャー（地区責任者）などに話を聞くと、「小野さんはいいですよ！　細やかな気配りができるんです」と大絶賛です。これは実際に働いている姿を見てみようと、大阪まで出かけました。

私は初めてその店に行ったのですが、お店のレイアウトが決してよい条件ではないことに、また驚きました。

お店に入ると、いきなり目の前に大きな柱があるのです。レジとカウンターバーは柱をぐるっと回ったところにあります。さらに、その奥に客席があるので、入ってきたお客様は席があいているかどうか確認できません。レジにいるパートナーたちからも、お客様が入ってきたかどうかは見えませんでした。

ところが、私がドアを開けてお店に入るや否や、「こんにちは」「いらっしゃいませ」と声がかかったのです。

「姿が見えないはずなのに……なぜ？」と面食らいました。

久しぶりに会った小野さんは、見違えるように表情は明るく活発になり、キラキラしたオーラが出ていました。そういうオーラが出ている人には、めったに出会えません。リーダーとしての覚悟を持ち、責任を持って遂行していて、かつ仕事を心から楽しんでいる人だけに出るようなオーラです。

小野さんは、私との再会をとても喜んでくれました。

お店の雰囲気がとてもいいのは、肌で感じられます。どのパートナーも表情は活き活きとしていて、見ていて気持ちよくなるぐらいテキパキと動いています。

私はお店の隅で観察させてもらうことにしました。

やはり、お客様がドアを開けた途端、一斉に声がかかります。それも小野さんが率先して声を出しているようです。

それで気づいたのですが、お店の前の通路を歩くお客様の姿を見て、ドアを開けるタイミングで声をかけていたのです。普通ならレジの正面にドアがあるので、お客様が入ってきたらわかりますし、ドアの開く音で気づくでしょう。この店はお客様の入ってくる姿は見えず、ドアを開ける音も空調や音楽で聞こえないことがあるので、その前の段階でお客様を察知しようと、常にお店の外に意識を張りめぐらせていたのでした。

「よくそんなことに気づいたなあ」と舌を巻く思いでした。

そして、彼女は客席の様子もひじょうによく見ています。

お客様が席を立つとすぐに、「ありがとうございます。こちらで片づけます」と歩み寄るのです。そして笑顔で「お気をつけて」とお客様を見送る。その一連の動きは、機械的ではなく、「お客様に感動経験を！」と気負っている様子でもありません。とても自然に行動しているのです。

それも小野さんだけではなく、すべてのパートナーが同じように細かいところまで気を配っています。小野さんからあれこれ命じられてそうなったわけではないでしょう。彼女の行動を見て、自然と周りが感化されていったのだと思います。

小野さんは、パートナーたちにフィードバックもきちんとしていました。それも、いいところを褒めるだけではなく、注意すべき点はしっかり伝えていました。

「あのおとなしかった小野さんがねえ」と行動を観察しながら、私は感動しっぱなしです。思わず、「ねえ、どうしてここまでできるようになったの?」と尋ねました。

すると小野さんは、次のような話をしてくれました。

今までいろいろなお店で働いてきて、その店によってフィーリングが合う合わないという体験をしてきました。その店の雰囲気になじめずに、周りのパートナーとうまくコミュニケーションを取れなかったこともあります。そこで初めてストアマネージャーになった時、自分のお店のパートナーたちに、今までの自分の失敗談を包み隠さず話し、同時に自分がどういうお店にしたいのかを明確に伝えたのです、と。

「私も努力します。私の考える目標に協力してもらえるのなら、私もみなさんに協力を惜しみません。全力でサポートします」

その言葉通り、小野さんはパートナーと一丸になって、お客様に感動経験を与えるようなお店作りを目指してきたのでしょう。それがお客様にも伝わり、お店のファンも増えていったようなのです。

入社したばかりのころの小野さんのことを思えば、その後どれぐらい努力を重ねてやってきたのか、私には想像も及びません。思うようにいかないことも多かったでしょう。だからこそ、人一倍周りの人とのやりとりに気を配り、人が望んでいることを先回りして考えられるようになったのではないかと思います。

その店には、毎日来店するおじいさんがいるそうです。

おそらく、毎日の散歩のついでにスターバックスに立ち寄るのが日課なのでしょう。やがて小野さんは、そのおじいさんと世間話をするようになり、姿の見えない日は心配になるほどでした。

最近そのおじいさんの誕生日を知り、お店のみんなでお祝いをしようという話になったそうです。

小野さんは「こんな手紙を渡そうと思って」と、その手作りの手紙を見せてくれました。寄せ書き風に、「○○さん、お誕生日おめでとうございます。いつまでもお元気で！」「いつもお店でお待ちしてますね」といったメッセージが書いてあります。

「これは、そのおじいさん、喜ぶだろうなあ」と思いました。

もし私がその近所に住んでいるお客様だったら、やはり毎日通いたくなるでしょう。それぐらい、サードプレイスを実現しているお店でした。

私が帰る時は、小野さんは姿が見えなくなるまでずっと手を振ってくれていました。

後日談として、誕生日にお店に来たおじいさんに、小野さんは手紙を渡したそうです。おじいさんは、それはもう大喜びをしたそうです。スターバックスの「期待以上のサービスが感動を呼ぶ」という教え通り、感動経験を実現できたのです。

それからしばらくして、そのおじいさんのご家族からお店に手紙が届きました。

「うちのおじいちゃんは、最近毎日楽しそうに出かけているので、家族でどこに行っているんだろうと不思議に思っていました。誕生日に手紙をもらって帰ってきて、家族に嬉しそうに見せてくれたんです。これは何かと聞いたら、『駅前のスターバックスの子たちがくれたんだよ』と言われて、家族一同、驚きました。あんなに嬉しそうなおじいちゃんを見たのは久しぶりです。お心遣い、本当にありがとうございました」

そのようなことが書いてあったそうです。このエピソードは、スターバックスでは伝説の1つになっています。

リーダーはそれにふさわしい人がなるというよりも、リーダーになってから、リーダーらしくなっていくものではないか。小野さんを見ていて、私はそう感じました。

課題解決は原因の発見から

ここで、今までお話ししてきたことを覆すような実例もご紹介します。

都内のあるお店でストアマネージャーになった時、そこは大きな課題を抱える店舗でした。

その課題とは、パートナー同士の関係性がひじょうに悪かったことです。

「スタバはパートナー同士の仲がいいんじゃないの？」と言われそうですが、何事にも例外はあります。

そこは、私が初めてストアマネージャーを務めたお店でもあります。赴任する数日前、お店に様子を見に行くことにしました。

「どんなお店なんだろう」「もう閉店の時間だから、みんなでコーヒーでも飲んでくつろいでるかな」と期待しながらお店に入ったら、誰も挨拶《あいさつ》をしてくれないのです。レジで作業をしていた女の子はこちらを一瞥《いちべつ》しただけで、ムスッとした表情で何も言いません。

そこで私は彼女に、「来週からこの店に異動になる、ストアマネージャーの目黒って言います。よろしくお願いしますね」と話しかけました。それでもニコリともせず、「あー、ちょっと待っててください」とバックヤードに引っ込んでいきました。

普通ならそこで、「あ、すみません、私〇〇と申します。よろしくお願いします」と挨拶をする場面でしょう。

しばらくしてシフトスーパーバイザー（時間帯責任者）の人が出てくると、そこでようやくまともに挨拶を交わしました。ところが、その人が他のパートナーに「みんな、今度のストアマネージャーの目黒さんだから」と紹介しても、「はあ」「どうも」と覇気があまり感じられません。

お店を出た時、正直私は「ここで働くの、大丈夫かなあ」と心配になりました。第一印象は最悪です。こんな課題店舗を新人ストアマネージャーの私に任せるなんて、と不安にもなっていました。

引き継ぎの時、前任のストアマネージャーに会いました。

その方は新卒で入って数年目の若い女性で、早い段階でストアマネージャーになった人でした。社会人としての経験が浅く、しかも彼女が配属された時から課題だったようで、相当苦労したようです。

「自分では、ちゃんと説明して納得してもらってから行動に移すというステップが、ちょっと弱かったかなと思うんです。説明が十分にできないと面倒になっちゃって、『私はストアマネージャーだから言うこと聞いて』って命令になってしまって。だから、みんなは心を閉ざしちゃったのかもしれません」

彼女なりに悩んでいたのはよくわかりました。

その店がどんな問題点を抱えているのか、あらかじめ聞いておきましたが、ストアマネージャーに着任してから、自分でもまず観察することにしました。

お客様に対して挨拶をしない。コーヒーを淹《い》れるテクニックは高くても、無愛想にお客様に商品を渡している。平気で遅刻をするパートナーもいる。長く勤めている人は、経験が浅いパートナーをフォローしようとしない。経験が浅いパートナーたちも、先輩パートナーを敬遠している……もはや「ないないづくし」で、スタースキルなどかけらもありません。どこから直せばいいのか、と頭を抱える思いでした。

私自身ストアマネージャーとしての経験もないのに、果たしてどうお店を立ち直らせればいいのでしょうか。これがドラマなら、怒鳴り合い、ぶつかり合いながら互いに歩み寄っていくという展開になりますが、私はそこまでの熱血ではありません。

私は、ひたすら全員と対話する方法を選びました。

ちょうど私が赴任した時期は、3カ月ごとの人事考課の時期でした。

1人1人のパートナーと面談をしながら、できるだけ彼らの本音を聞き出そうとしました。すると古参のパートナーが、「どうせ目黒さんも、今までのストアマネージャーとは違うことを言うんでしょ」と言ったのです。

その店はストアマネージャーを含め、社員が短期間で代わっていました。代わるたびに社員によって指示が違うので、アルバイトのパートナーたちは社員に対して不信感を抱いていたのです。

「僕たちはどれを信じていいかわからないんです。前のストアマネージャーにこうしろと言われてやっているのに、次のストアマネージャーが来ると『お前たち何やってるんだ』と言われるんです。目黒さんも結局あれでしょ、前の人と違うことを言うんじゃないんですか」

不満をぶつけられて、内心、「なるほど。原因はここにあったのか」と思いました。しかし、パートナーが納得していないのにストアマネージャーとして何もしないわけにはいきません。

「前の人たちのやり方は私は知らないよ、一緒に仕事したことないし。もしかしたら今までとは違うことを言うかもしれない。そうだとしても、少なくともみんなと同じパートナーとして、目指しているゴールは同じはずだと思ってるよ」

私はそう答えました。

古参のパートナーたちは、上司の指示を守っても認めてもらえないのでくすぶっていましたが、それでもコーヒーを淹れる仕事自体は楽しく思っているので、長く続けているのだとわかりました。決して仕事への熱意を完全に失っているわけではないのです。

そこで私は、すべてのパートナーに対して、こう伝えました。

「この店の雰囲気は最悪だよ。仕事が楽しかったとしても、お客様が楽しくなければ、我々は目指しているところを実現していないことになるよね。今のお店だとお客様に感動経験を与えられないし、潤いなんてないよ」

自分たちも今のお店がいいとは思っていないので、みな黙り込んでいました。

「スターバックスが目指したいところってどこかわかってる?」

そう尋ねると、「わかっています」とみな即答します。

ミッションもわかっているし、コア・イデオロギー（基本理念）もわかっています、と。

「それじゃあ、今この店は、ミッションやコア・イデオロギーと合っているのかな」

そう問いかけると、「うーん、まあ合ってないところもあるかな」と答えるのです。

「それじゃあ、どうすればいいと思う？」

「自分が何をできると思う？」

それぞれが自分なりの答えを見つけるまで、繰り返し問いかけました。

また、前のストアマネージャーの時に給料を下げられたのが納得できないパートナーもかなりいました。

そこで、私はこう宣言しました。

「もし、みんながこの3カ月間で決められたことをちゃんとやるのなら、下がった時給を元に戻すから。きちんと結果を出したのなら、給料を下げたりしないから」

本当は、こういう場面で給料の話を出すのはかなりリスクが高いので、避けるべきでしょう。しかし、そこまで不満が爆発寸前になっているなら、しっかり約束をして、お互いにそれを守ることに注力しなければ、信頼を得られないと判断したのです。

ただし、「コーヒーを淹れるスキルがあるだけじゃダメなんだよ。スタースキルやミッションを実行できているかどうかも評価の基準になるから、そこができていなかったら、僕も給料は上げられないからね」と念を押しました。

その日から、私は1人1人のパートナーと話す時間をなるべく作るようにしました。

パートナーが休憩に入った時は、バックヤードで「最近、学校ではどうなの？」などと世間話をしました。

「おつかれさま、今日はどうだった？」と軽く感想を聞くこともあります。

「そうですね、今日は忙しかったです」

「そうだよね、でも、あそこのシーンの会話、すごくよかったと思うよ。お客様も喜んでたじゃない」

「えっ、そうですか？」

そのように、気がついたことをフィードバックするようにしました。

「最近、挨拶がよくなったよね。君も成長したね」と褒めると、「え、そうっすか。ありがとうございます」と、嬉しそうにしているパートナーもいました。

そうやって、徐々に距離を縮めていったのです。

ただし、私のその店での任務は4カ月間でした。

それは最初から決まっていたことです。私としてはせっかくお店の雰囲気がよくなってきたので、もう少し続けたいと思っていたものの、サポートセンターの決定にはしたがうしかありませんでした。

最後に、もう一度人事考課をする機会がありました。

そこで1人1人と向かい合いながら、「スタースキル、かなり活用されてきたね」「エスプレッソは私より淹れるのは上手だから、言うことはないよ。でも、ここは惜しかったね」という具合に、1つずつ丁寧に指摘していきました。

その時、「いや、その評価はおかしいですよ」と反発する人はいませんでした。みな納得した顔でうなずいていました。

ところが、私の評価結果を見て、当時のディストリクトマネージャーは「このパートナーが昇給対象になるのはおかしいよ。こんなに評価が高くなるはずないよ」と詰めよったのです。

「いや、僕は毎日会って彼の様子をずっと見ていましたけど、こんな変化があったんですから」

「それだとちょっと評価が甘くない？」

「甘くないですよ。僕は1人1人と目標を設定して、確認し合いながらやってきました。あなたは週に1回、お店に来るか来ないかでしたよね。申し訳ないですが、毎日彼らと話している僕のほうが、みんなのことを知っているんです」

そんなやりとりの中、私の評価を下げざるをえないと言われましたが、「僕の評価はどうなってもいいから、みんなのは変えないでください。約束したんで」と押し切りました。

最後にお店を去る時に、みんなには「また違うストアマネージャーが来ても、そこで『違う指示をするから』って手を抜いたら、時給下げられちゃうよ。そうならないように、自分がやるべきことと自分の立場をちゃんと再確認したうえで、仕事を続けてほしい」と伝えました。

4カ月前はどうなることかと思っていましたが、この短期間で、パートナーたちはかなりとげとげしさがなくなり、丸くなっていました。お互い協力し合い、お店の雰囲気も明るさを取り戻していました。何より私自身が、「この店でストアマネージャーをやってよかったな」と思えるようになっていたのです。大きな変化でした。

この体験から、私はリーダーの存在がどれだけ大事なのか、身をもって知りました。チームのメンバーを成長させるのも滞らせるのも、リーダー次第なのです。

もし、私が「課題店舗なんだし、仕方ないか」と投げ出していたら、パートナーたちはずっとくすぶったままでしょう。

当時のディストリクトマネージャーのなかには、ある地域の課題店舗を見て、「この店は雰囲気がひどい」とパートナーを全員辞めさせて、新しく雇い直そうとした人もいました。しかし、私はそういう方法では根本的な解決にはならないと思います。

問題があるとわかっているなら、まずはその原因を徹底して探るべきなのです。ストアマネージャーがちょくちょく変わるのが問題なのかもしれませんし、ストアマネージャーが慣れていなくて現場が混乱しているのかもしれません。その原因を突き止めれば、解決策もわかるでしょう。それをしないで人を辞めさせるようでは、同じことの繰り返しになるのではないか、と感じます。

それは多くの企業で、また多くのチームでも同じことが言えます。

問題があれば、まずはその原因を探る。そして、メンバーと議論を重ねる。たとえ時間はかかっても、リーダーはそのプロセスを省いてはなりません。

そうすれば、たいていの問題は解決するのではないでしょうか。

トラブルには覚悟を持って取り組む

リーダーに必要な要素はいろいろあると思いますが、何より大切なのは、トラブルから逃げない覚悟ではないでしょうか。

どんな企業でも、どんな業種でもクレームはあります。スターバックスにも、もちろんありました。「ジャストセイイエス」がポリシーとはいえ、すべての要望を聞き届けられるとは限りません。

あるお店で、ドリンクができあがってお客様にお渡ししようとカップを置いた時、飲み口からコーヒーが跳ねて、お客様のコートについてしまったことがありました。そのパートナーも、乱暴に置いたわけではないようなので、たまたま起きたアクシデントだったのでしょう。

すると、お客様は「買ったばかりの高いコートなのに、どうしてくれるんだよ。弁償しろ」と大激怒してしまいました。ストアマネージャーは何度も謝罪し、「汚れをこちらで落とさせてください」と申し出たのですが、お客様は承知しません。「それではクリーニングに出させてください」と言っても、突っぱねられてしまいました。

困り果てたストアマネージャーは、当時ディストリクトマネージャーだった私に電話をかけてきました。私は、普段はその地域の担当ではなかったのですが、担当のディストリクトマネージャーが休暇を取っていたので、その期間だけその地域もサポートすることになっていたのです。

私がお客様に連絡したところ、ものすごい剣幕で「新しいコートに替えろ、もしくはコート代を払え」と怒鳴られました。

ここでの「ジャストセイイエス」は、コートを汚したことへの心からの謝罪と、汚した部分をきれいにするというお約束でした。

まずはコートをお預かりして、状況を確認してからクリーニングに出させてほしいと何度もお願いしましたが、「コートは渡したくない」の一点張り。このまま時間だけが過ぎてしまうと、かえってお客様にご迷惑をおかけすると判断し、お客様相談室に入ってもらうことにしました。

すると、お客様相談室の担当者は、「最後は我々が出ますから、思ったことをその方に言ってもらっても大丈夫ですよ。穏便に済ませられるのがベストですが、できないことはできないとハッキリ伝えて構いません」と言ってくれました。

誰でも、こういうやりとりは気が重いでしょう。しかも自分が担当するエリアのお店ではないので、「担当が戻ってきてから相談してほしい」と言ってもよかったかもしれません。

けれども、トラブルは迅速に対処するのが鉄則です。自分もディストリクトマネージャーというリーダーの1人である以上、自分事としてとらえていました。

もう一度お客様に連絡をしたところ、「店長は弁償するって言ってるぞ」と言われました。ずっとお店で責められ続けたので、他のお客様もいる手前、早く事態を収拾したくて折れてしまったのでしょう。

それでも私は、「弁償はできません。大変申し訳ありませんが、まずクリーニングで対応させていただきたいと思います。それ以外のことはできかねます」と伝えました。

当然、お客様は電話口で烈火のごとく怒り、「一体、お宅の会社はどうなってるんだ。本社に行くぞ？」と責め立てられました。

「十分な対応を取ることができず、申し訳ございません。私どものお客様相談室よりご連絡させていただきます」と電話を切り、後はお客様相談室に対応してもらうようにお願いしました。

その後、お客様相談室の担当者がそのお客様に会いに行き、クリーニング代を支払う方向で決着がついたようです。

人の上に立つ立場になればなるほど、責任は大きくなっていきます。

自分がミスしたことに責任を取るのならまだいいのですが、部下が起こしたトラブルやミスにも責任を取らなければならなくなります。それがリーダーとしての務めでしょう。

ここで責任を取るのは嫌だと逃げてしまったら、部下からの信頼を失うだけではなく、部下も責任を取らなくなります。部下は上司の行動をお手本にしているのです。

したがって、デリケートな問題こそ、リーダーは率先して取り組まなければなりません。その覚悟さえあれば、自然と人はついてくるのではないかと思います。

人を変えようとするより、信じよう

最後に、人の可能性についてお話ししたいと思います。

スターバックスでは、全国のお店を10個前後のブロックに分けて、年に1回各ブロックから優秀なストアマネージャーを選び、さらにその中から年間の最優秀ストアマネージャーを1人選んでいました。最優秀に選ばれたストアマネージャーはアメリカ本社のシアトルに行き、勉強するチャンスを得られます。前述した小野さんが、これに当たります。

しかし、よくよく考えると、選ばれなかった他のストアマネージャーも優秀な人ばかりなのに、表彰状を渡して終わりでは寂し過ぎるのではないかという話になりました。

そこで、シアトルには行けないけれども、国内のツアーに招待して称賛しようということになったのです。当初は、リッツ・カールトンのような一流のホテルに泊まって最高のサービスを体験する企画などを行っていましたが、この仕事を私が引き継いだ時、何か物足りなさを感じていました。目的をより明確にし、ストーリー性のあるものにしたい。やるならより体験型にして、参加者の記憶に残るようなツアーにしたほうがいいのではないかと考えました。

自然の破壊や人間との共存が話題になっていたこともあり、沖縄エコツアーを企画しました。サンゴの養殖活動やマングローブの植林活動の視察を盛り込み、メインの企画は沖縄でコーヒー豆を栽培している農家を訪ねるツアーでした。

沖縄はコーヒーベルトという地帯の北限に位置し、ハワイやジャマイカ、キューバなどとほぼ同じ緯度にあります。実は、コーヒー栽培に向いている土地なのです。

あまり知られていませんが、沖縄で本島の他、離島も合わせると10軒ぐらいのコーヒー農家があります。生産量が少なく、市場には出回らないのですが、コーヒー愛好家の間では数年前から注目されています。

私たちがお世話になったのは、ヒロ・コーヒー・ファームという、無農薬でコーヒー豆を栽培している農家です。

ヒロ・コーヒー・ファームは、沖縄の中心地から車で2時間ぐらいの東村《ひがしそん》にあります。コーヒー豆は、栽培から焙煎《ばいせん》まですべて手作業です。ファーム内にあるカフェで、その自家製コーヒーを提供しています。

普段、スターバックスのパートナーたちは、アメリカから届くローストされた状態のコーヒー豆しか見ていません。コーヒーの木を見ることも、生のコーヒー豆を見るのも、焙煎作業を見るのも初めてです。完熟した黄色い実を見て「マニュアルに載っているのと同じだ」とみんな目を輝かせていました。

ヒロ・コーヒー・ファームではすべてが手作りで、大きな鍋を火にかけて焙煎しています。私たちも、乾燥させた豆を自分で焙煎する体験をしました。焙煎用の小さな鍋で豆を炒ると、香ばしい香りが漂います。そして、自分で炒った豆を挽き、淹れたコーヒーの味は格別。誰もが「お店で出すコーヒーよりおいしい！」と大絶賛していました。

研修を通じて、コーヒー豆がお店に届くまでのプロセスは理解しています。けれども、知識として知っているのと、自分の目で見るのとでは、理解度も感動もまったく違うのです。

ある年、そのツアーに関西エリアのストアマネージャーの後藤君（仮名）が参加しました。

各エリアで最優秀ストアマネージャーに選ばれたパートナーは、たいてい見た目は元気いっぱいで、活き活きしたオーラを発しています。

なのです。

「私はスタバで働くのが大好き！」という気持ちが、体中からあふれ出ているような感じ

ところが、後藤君からはそういった元気さをまったく感じませんでした。シャイなの

か、他のパートナーがすぐに打ち解けて仲よくなっているのに、後藤君はその輪に入って

行こうとしません。みんながはしゃいでいても、1人でしらっとしている感じです。

他のメンバーに、「彼さ、みんなの輪に入ってこないけど、どう思う？」と聞いたとこ

ろ、「確かにちょっと気になるんですけど、でも話しかけたら答えてくれるし。人見知り

なのかもしれませんよ」と言われました。

気になりつつも、1日目は終わりました。

2日目、後藤君は相変わらず、みんなの輪に入って行こうとしませんでした。

私がさりげなく、「旅行、楽しんでる？」と尋ねると、「はい、いいっすね。今日行くと

ころも楽しみです」と答えてくれました。けれども、その声はちっとも楽しそうではあり

ません。思わず、「後藤君は結構シャイなタイプなの？」と聞いてしまいました。

すると、「うーん、そういうわけじゃないっすけどね」と、少し投げやりな感じで答え

たのです。何かにいら立っているような印象を受けました。

「何か心配事でもあるのかな」と、私はさらに気になりました。

それから、なるべく後藤君に話しかけるよう心がけました。

同時に、私はツアーのホストなので、他のパートナーにも楽しんでもらわなくてはなりません。私は率先して、「飲み物買ってくるから、ここで待ってて」「オレがチケット買ってくるよ」と動き回っていました。パートナーたちが慌てて、「ロッキーさん、いいですよ。自分たちでやりますよ」と言っても、「いいから、いいから」とかいがいしく（笑）お世話をしていました。

余談ですが、ロッキーとはツアーの時にパートナーからつけてもらったニックネームです。昔ボクシングをやっていたわけではなく、「〝めぐろっきー〟ってよくない？」「じゃあ、〝ロッキー〟にしよう」という流れで決まりました。


3日目の朝、後藤君が「ロッキーさん、ちょっと話があるんですけど、いいっすか」と声をかけてきました。何かを決意したかのような表情をしています。

そこから、後藤君は自分の思いを打ち明けてくれました。

どうやら、後藤君はお店で浮いていたようなのです。

自分はこの仕事が大好きで、誇りを持って働いている。ところが、自分が「こうやりたい」とパートナーたちに伝えても、なかなかついてきてくれない。ディストリクトマネージャーからも、「ストアマネージャーなんだから、もっとちゃんとコミュニケーションを取らないと」「1人で突っ走り過ぎてる」といつも注意されている。どうせ、みんなオレのことなんてわかってくれないんだ――その「どうせオレなんて」という思いが、態度になって表れていたのです。

ポツリポツリと語る後藤君を見ていて、「誰にも悩みを聞いてもらえず、相当苦しんでいたんだろうなあ」と思いました。

優秀なストアマネージャーに選ばれたのですから、もちろんお店の業績はよく、仕事もできるタイプなのでしょう。けれども、リーダーとしての志が高過ぎて、周りの人がついていけないこともあります。後藤君はそういうタイプではないかと感じました。

私は、「このツアーは優秀な人へのインセンティブ（報奨）だから、頑張った自分へのご褒美としてみんなに楽しんでもらいたいと思ってる。それと、気づきの場としていろいろ学んで帰ってもらいたいと思ってるんだよね。自分自身と対峙《たいじ》して、ここまでやってきた自分を褒めるような時間にしてほしいと思ってるんだ」と自分の思いを語りました。

すると後藤君はうなずき、こう言ったのです。

「オレは自分なりに一生懸命にやってきたんだけど、なかなか受け入れてもらえなくて、拗《す》ねてたんっすね。でもこのツアーでみんなと過ごしているうちに、そうじゃなくて、周りを受け入れていない自分がいることに気づいたんです」

「そうか。それはすごいことだよ！」

後藤君は私に話してスッキリしたのか、晴れ晴れとした表情になりました。

それからの後藤君は、ガラッと態度が変わりました。

他のパートナーにも積極的に話しかけ、一緒に大笑いしています。マングローブを植えたりビーチのゴミ拾いをするなどのプログラムにも、後藤君は率先して取り組んでいました。

「昨日までのお前はどこに行った？」と聞きたくなるぐらい、180度の変わりようだったのです。

そして4日目、最終日。初日とは別人のようになった後藤君は、「ロッキーさん、ありがとうございました、楽しかったっす！　このツアーに参加できて、本当に感謝していますす」と元気よく帰っていきました。

後日、後藤君の上司であるディストリクトマネージャーに会った時に、「後藤君って今までどうだったの？」と聞いてみました。

すると、「問題児でした」ときっぱり言われたのです。

後藤君はよかれと思ってやっていても、ディストリクトマネージャーやお店のパートナーたちから見ると、結果的にスターバックスのミッションとはちょっとずれていることが多かったそうなのです。それを指摘しても、「いや、このやり方でいいんです」となかなか意見を受け入れず、パートナーたちと対立する時もあったといいます。

「なるほど、そうだったんだ。それで、ツアーから帰ってきてからどうなの？」と尋ねると、「ツアーで何かあったんですか？」と、逆に聞かれました。

それまでの後藤君を知っている人が見たら誰もが驚くぐらい、劇的に変わったというのです。

まず、それまでは近寄りがたいような雰囲気だったのに、ニコニコと笑顔で接するようになった。そして、人の話によく耳を傾けるようになったというのです。

ディストリクトマネージャーが気になるところを指摘すると、素直に受け止めて改善するようになりました。どうやら、それまで人に対して作っていた壁がなくなったのでしょう。人を受け入れる喜びに気づいたのかもしれません。

それから1カ月ぐらい経ってから、私は後藤君のお店を訪ねる機会がありました。

後藤君は「ロッキーさん、久しぶりっす！」と満面の笑みで私を出迎えてくれました。

お店のパートナーたちに話を聞くと、「後藤さんはあのツアーに参加してから、変わったんですよ。優しくなりました」とみんなが口をそろえて言います。

私は後藤君に、「どうして、みんなに心を開こうって決めたの？」と聞いてみました。

すると、「ロッキーさんはあのツアーの時にいつもニコニコしていて、何があっても全然嫌な顔をしてなかったですよね。そんで、すぐに先回りして行動して、みんなのことをケアしてたし。どうしたらあんなふうにできるんだろうって、ずっと考えていて。そしたら、オレが一番忘れていたことに気づいたんです」と、照れ臭そうに話してくれました。

その言葉を聞き、私も胸が熱くなる思いでした。

私は後藤君を変えたいと思って接していたわけではなく、「旅行を楽しんでもらいたい」と考えていただけです。それが人を変えるきっかけになるとは思ってもみませんでした。

誠意を持って接していたら人の心を開けることができるという、ごく当たり前のことに私自身が気づかされた出来事でした。

人は簡単には変われません。

自分を変えるのですら難しく、まして他人を変えようと思ったら、ぶつかり合いになって関係が悪化するケースが大半です。

けれども、くすぶっている人も、自ら望んでくすぶっているわけではありません。心のどこかで、そんな自分を変えたいと思っているでしょう。

そういう時、リーダーは手を差し伸べるだけでいいのだと思います。相手と向かい合い、「私はあなたのことを見ているよ」と態度で示すだけで、自ら立ち上がって歩き出すのではないでしょうか。

相手を変えようとするより、相手を信じる力が大切なのです。

誰もが、自分で立ち上がれる強い力を秘めているのだと、私は今も信じています。

おわりに

「人材マネジメントで大切なことは何ですか？」

そう尋ねられたら、私は「パッション（情熱）」だと答えます。

スターバックスがここまで世界的な企業になれたのは、コーヒーをただ売るだけのお店ではなくサービスを売りにし、そのために不可欠な人の育成に、情熱を持って取り組んできたからでしょう。

昨今、人手不足が理由で閉店が相次いでいる飲食店もありますが、それは利益の追求など、企業の事情ばかりを優先して、人材を育てるのを疎《おろそ》かにした結果ではないでしょうか。お客様を最優先で考えるのなら、なおさらサービスを提供するスタッフの待遇や教育をしっかり整えなければなりません。まず働く人の満足度を高めないと、お客様の満足にはつながらないでしょう。

スターバックスは新規にお店をオープンする際、入社したパートナーたちにも80時間の研修をしっかり受けてもらいます。特に初めて出店する地域は、専門のオープニングサポートチームを派遣して、現地で指導しているのです。

コストも時間もかかりますが、それでもそこで手を抜いてしまったら、スターバックスの企業イメージはあっという間に悪くなるでしょう。スターバックスのようなチェーン店は、一店での出来事によって、すべてのお店のイメージがマイナスになる恐れもあります。どこのお店でも一定以上のサービスを提供できるように徹底するのは、想像以上に大変な作業です。人を育てながら規模を拡大しているので、スターバックスは不評が少ないのでしょう。

本書を読んだ方の中には、「うちではそんなに長時間研修時間を取れない」「1人1人の部下に、丁寧にフォローしている時間はない」と思う人もいるかもしれません。

そうやって諦めてしまう心こそ、人の成長を阻む壁になるのではないでしょうか。

「うちの部下はどんなに叱っても何も変わらない」と思っているのなら、叱り方に問題があるのでしょう。あるいは、自分がその部下を受け入れていないのが原因かもしれません。

「もっと会社のことを考えろ」と部下に求めるのなら、自分自身が愛社精神を持っていなければならないでしょう。

人を変える前に自分の意識が変わらないと、人を動かせないのです。

本書で紹介したスターバックスのノウハウのなかには、現在では使用されていないものもありますが、どれもどんな組織や個人でも活用十分ではないかと思います。

人を育てるのは時間もかかりますし、根気も必要です。それでも、最初は斜に構えていた相手が心を開いて成長への一歩を踏み出す姿を見ると、「育ててよかったな」と思えるでしょう。そのきっかけを作るのは、みなさん自身なのです。

人を育てることは、本当は喜びにつながる行為です。それは相手の喜びだけではなく、自分自身の喜びにもなります。みなさんにも、人の可能性を信じて、とことん向かい合う醍醐味《だいごみ》をぜひ味わっていただきたいと思います。

最後に、基本から指導してくださった朝日新聞出版の須賀さん、本書の構成で多大な貢献をいただいた大畠さんのサポートがなければ、こうして自分の思いを形にすることができませんでした。この場を借りて感謝致します。

また、スターバックスで共に過ごしてきたパートナーのみなさん。スタバの成長期に協働できたことは、私自身の成長の基盤であり、ミッションの実現を目指すパートナーとして強くつながっていたからこそ、私はここにいるのだと思います。改めて感謝の気持ちをお伝えしたいと思います。

そして、最後に最愛の家族。いつも私を支え、背中を押し続けてくれる妻。目指すゴールに向かって歩んでいる子どもたち。みんなの笑顔は私のパワーの源泉です。互いに励まし、協力し、楽しむ姿にどれだけ元気づけられ、そして癒やされてきたか、言葉では表せません。本当に、本当にありがとう。

これからも、そしていつまでも。私はみなさんの成長をサポートし続けます。

目黒勝道

目黒勝道（めぐろ・まさみち）

1963年生まれ。トリプル・ウィン・パートナーズ代表。1987年ヒガ・インダストリーズに入社し、ドミノ・ピザ事業部にて教育、人事、オペレーションの基礎構築に従事。2000年、スターバックスコーヒージャパン入社。店舗運営部地区責任者を経て、店舗ヒューマンリソース部長、人事サービス部部長に着任。2008年からは組織・人材開発マネージャーとして、組織力向上施策を展開した。2014年より現職。湘南美容外科クリニック事務局人事部エグゼクティブマネージャー、日本人材マネジメント協会人材マネジメント基礎講座講師も務める。

感動経験でお客様の心をギュッとつかむ!
スターバックスの教え

2014年7月30日　第1刷発行
2023年7月30日　第8刷発行

著者　目黒勝道
発行者　宇都宮健太朗
発行所　朝日新聞出版
〒104-8011　東京都中央区築地5-3-2
電話　03-5541-8814（編集）
03-5540-7793（販売）
印刷所　大日本印刷株式会社

Published in Japan by Asahi Shimbun Publications Inc.
ISBN 978-4-02-331300-2